百分百自由教戰手冊

鄭南榕基金會

建國中學時期的鄭南榕。（鄭南榕紀念館館藏提供）

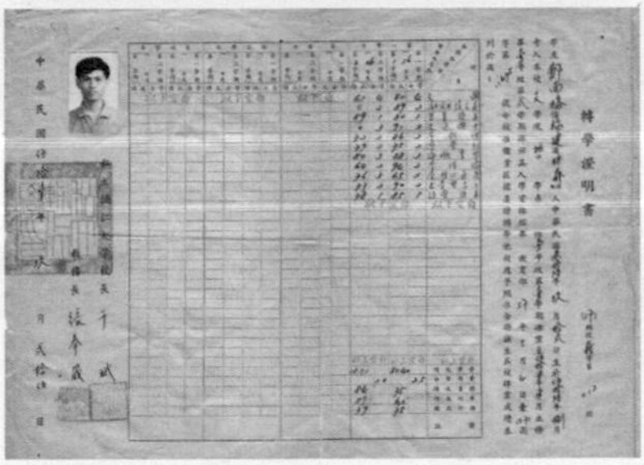

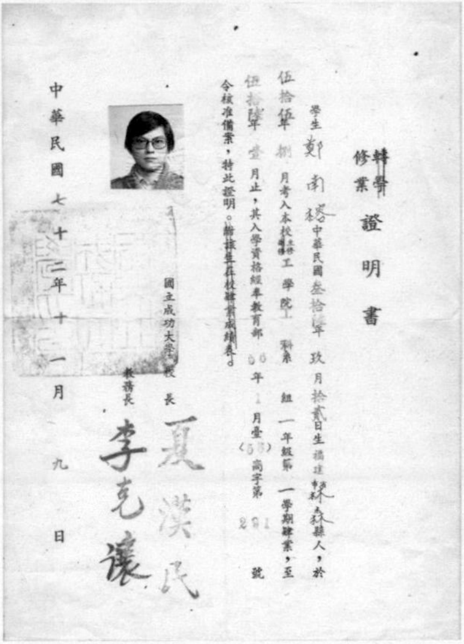

上）高中畢業證書。（鄭南榕紀念館館藏提供）

中）輔大轉學證明書。（鄭南榕紀念館館藏提供）

下）成大修業證明書。（鄭南榕紀念館館藏提供）

上）1959年鄭南榕以第一名考上宜蘭中學初中部，父親送變速腳踏車做為鼓勵。（鄭南榕紀念館館藏提供）

下）鄭家全家福，鄭南榕（左一）在四兄弟排行老大。（鄭南榕紀念館館藏提供）

上）1984年鄭南榕創辦《自由時代》週刊，矢志為台灣人爭取百分百自由。（張芳聞 攝影）

下）警備總部違法搜查《自由時代》雜誌社。（鄭南榕紀念館館藏提供）

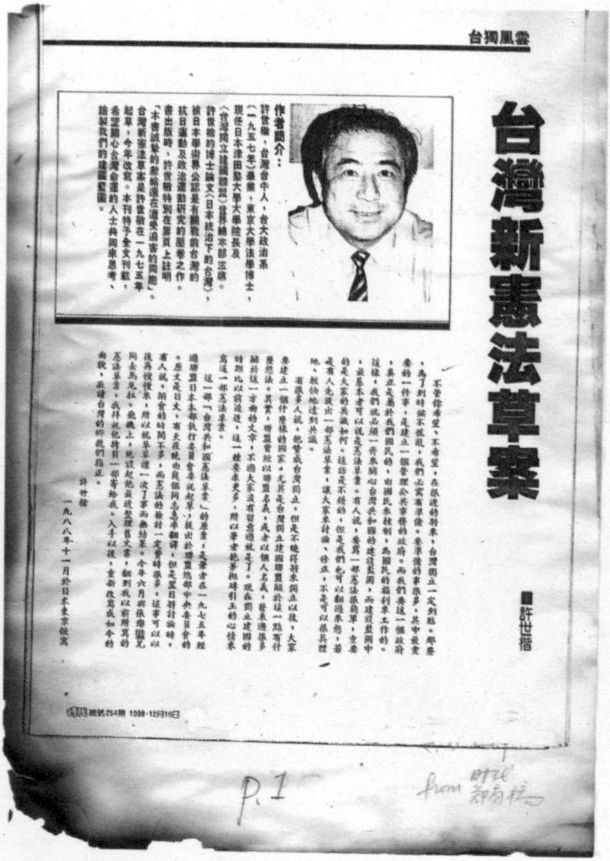

台獨風雲

台灣新憲法草案

■許世楷

作者簡介：

許世楷，台灣台中人，台大政治系（一九五七年）畢業，東京大學法學博士，現任日本津田塾大學大學院長及《台灣獨立建國聯盟》世界總本部主席。

許世楷的博士論文《日本統治下的台灣》，被日本學術界公認是有關戰前台灣的抗日運動及政治運動研究的壓卷之作。

書出版時，許世楷特別在扉頁上註明「本書誠摯的獻給還在遭受迫害的同胞」。

台灣新憲法草案是許世楷在一九七五年起草，今年改寫。本刊特予全文刊載，希望關心台灣命運的人士共同來思考、擬製我們的建國藍圖。

不管你希望、不希望，在很近的將來，台灣獨立一定到臨。那麼，為了到時候不慌亂，我們必需有準備。要準備的事很多，其中最重要的一件事，是建立一個管理公共事務的政府。而我們要這一個政府，真正是屬於我們國民的，由國民來控制，為國民的福利來工作的。這樣，我們就必須一齊來關心台灣共和國的建設藍圖，而建設藍圖中，最基本者可以說是憲法草案。有人說，要寫一部憲法很簡單，重要的是大家的共識如何。這話是不錯的，但是我們也可以翻過來想，若是有人先提出一部憲法草案，讓大家來討論、修正，不是可以很具體地、較快地達到共識。

有很多人說，就曾贊成台灣獨立，但是不曉得將來獨立以後，大家要建立一個什麼樣的國家。尤其是台灣獨立建國聯盟關於這一點有什麼想法。其實，聯盟曾經以聯盟名義，或者以個人名義，發表過很多關於這一方面的文章，不過大家沒有留意罷就是了。現在獨立建國的時期比以前迫近，這一種要求更多，所以筆者就抱着拋磚引玉的心情來寫這一部憲法草案。

這一部「台灣共和國憲法草案」的原案，是筆者在一九七五年經過聯盟日本本部執行委員會專題起草，提出於聯盟總部中央委員會的。原文是日文，有天夜晚由幾個同志急速翻譯，但是翌日將討論時，有人說，開會的時間不多，而憲法的檢討一定費時很多，這事可以以後再慢慢來，所以就草草讀一次了事而無結果。今年六月與張燦鍙兄同去馬尼拉，飛機上，他談起他最近整理舊文書，翻到我以前所寫的憲法草案，我拜託他轉贈一部寄給我。入手以後，重新改寫成如今的面貌，敬請台灣的鄉親們指正。

許世楷

一九八八年十一月於日本東京假寓

總號254期 1988·12月10日

P.1

1989年12月10日，鄭南榕於雜誌刊登台灣新憲法草案，隔年一月被執政當局羅織叛亂罪名。（鄭南榕紀念館館藏提供）

1988年鄭南榕呼應有志之士推動新國家運動。（張芳聞 攝影）

1986年鄭南榕策劃五一九綠色行動，要求立刻取消戒嚴。（宋隆泉　攝影）

店
石橋機車

1987年二二八發生四十年後的第一場遊行，在台南舉行。（宋隆泉 攝影）

大學時期的鄭南榕與葉菊蘭。（鄭南榕紀念館館藏提供）

上）鄭南榕於《自由時代》雜誌社總編輯室。（張芳聞 攝影）
下）激動憤怒的鄭南榕。（鄭南榕紀念館館藏提供）

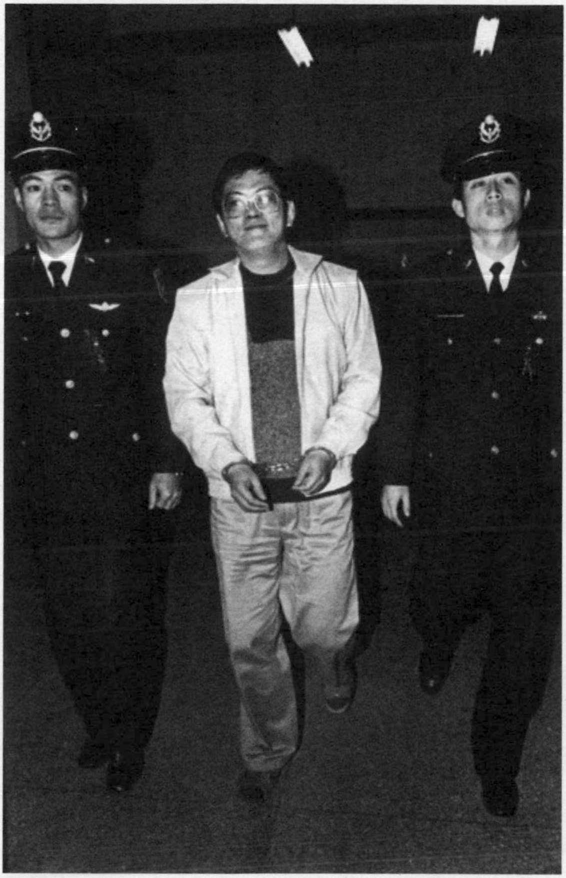

鄭南榕曾說：「審判我，就是審判新聞自由。」（鄭南榕紀念館館藏提供）

1986年第一次五一九行動：龍山寺

（宋隆泉 攝影）

1986年第一次五一九行動：龍山寺

（宋隆泉 攝影）

1986年第一次五一九行動：龍山寺

（宋隆泉 攝影）

1986年第一次五一九行動：龍山寺

（宋隆泉 攝影）

（宋隆泉 攝影）

（宋隆泉 攝影）

（宋隆泉 攝影）

（宋隆泉 攝影）

1987年第二次五一九行動：孫文紀念館

（宋隆泉 攝影）

1987年第二次五一九行動：孫文紀念館

（黃子明 攝影）

1987年第二次五一九行動：孫文紀念館

（黃子明 攝影）

（邱萬興 攝影）

（邱萬興 攝影）

（黃子明 攝影）

（邱萬興 攝影）

1987年第二次五一九行動：孫文紀念館

（邱萬興 攝影）

1987年第二次五一九行動：孫文紀念館

（潘小俠 攝影）

鄭南榕

1947-1989

出版精神

要求解嚴，是一種生活態度，修養「恪遵自由民主的原則，尊重別人」的生活態度，要求加速解嚴，正是偵測到台灣的時不我與，希望台灣快快養成這樣的生活態度。無形的戒嚴陰魂不散，整個台灣正在和時間競賽，臻於自由民主的至善是台灣生存最後的堡壘。

鄭南榕基金會董事長

許章賢

出版緣起

行動思想家鄭南榕生前三個重大社會運動：一九八六年「五一九反戒嚴綠色行動」、一九八七年「二二八和平日運動」與一九八八年「新國家運動」，開創了台灣突破戒嚴、平反歷史、追求台灣主體性的先河。二〇一六年五月十九日適逢五一九綠色行動三十週年，鄭南榕基金會出版《百分百自由教戰手冊》以紀念這場正義與勇氣的運動，回顧過去，喚起台灣人的歷史記憶，展望未來，呼召台灣人的自由精神。

鄭南榕策劃五一九綠色行動時，國民黨政府已經在台灣實施了近三十七年的戒嚴，這是全世界施行時間最長的戒嚴令。在黨禁、報禁的壓抑下，台灣公民的參政權利與言論自由受到嚴格限制，國民黨政府對政治異議人士的逮捕、軍法審判、判刑與處決，時有所聞。當時鄭南榕不只要求取消戒嚴，並且是「立刻」取消戒嚴，希望他熱愛的台灣盡快解除無情的桎梏。戒嚴！戒嚴！戒掉了多少人的尊嚴！不僅禁錮了人民的思想、言語、行為及生活，更導致了台灣社會長期以來對於公共事務膽怯、冷漠、感到無力的文化現象。而時間已經過了三十年，台灣社會各角落，仍然隱藏著不同形式的無形戒嚴，為紀念一九八六年的五一九綠色行動，為此本會發想籌劃出版專書。

出版目的

一九八七年七月十五日解除戒嚴至今，我們不得不承認，戒嚴的遺毒至今仍然對台灣社會造成相當深入的影響，所謂「心中的小警總」，在很多人身上似乎變成隱而未顯卻如影隨形的幽靈，不時控制人們的思考、判斷，非常不容易察覺。這是一種不正常、不健康的社會現象，妨礙百分之百自由的追求。

回首那段白色恐怖的歷史，我們希望不陷入悲情的泥沼，了解過去，記取教訓，同時警惕自己努力不夠，體悟仍有威脅存在，當有一天危機來臨時，我們能有警覺不讓悲劇重演。試看普遍存在於台灣的司法整肅、媒體壟斷、黑箱作業、濫權徵地……在在說明「解嚴」只是解除了有形的鐐銬；若指望完全解除無形的枷鎖，需要進一步的公民覺醒，才有辦法徹底消滅「心中的小警總」。

出版期待

何謂真正的「解嚴」？有很多不同詮釋方式，如果把「解嚴」理解為一種「恪遵自由民主原則，尊重別人」的生活態度，去對照馬政府黑箱服貿協議、黑箱課綱微調、馬習會等作為，其實，台灣還沒有真正「解嚴」。以馬習會為例，馬英九總統未經民主程序，逕行與中國領導人習近平黑箱會談；除了黑箱，問題更在於馬總統的低支持度、半年後即將卸任，顯然無法代表台灣，更何況中國是對台灣有敵意的敵國，這在任何民主國家都是不被允許的，卻在台灣真實上演。誠然，在台灣實施達三十八年的「戒嚴令」已走入歷史，但是掌權者卻無視民意、肆意傲慢的「戒嚴心態」仍普遍存在於國家機器，我們亟需設法去一一擊破。

觀察近三年的學生運動，二〇一三年成大南榕廣場命名事件，二〇一四年三一八太陽花運動、二〇一五年高中生反黑箱課綱，讓我們看到九〇後年輕學子旺盛的生命力，義無反顧追求真理的態度，完全不亞於黨外時期追求民主的前輩。再往前推，二〇〇八年野草莓學運，乃至一九九〇年的野百合學運、廢除《刑法》一百條的社運，不同世代的年輕人和學者對台灣解嚴後的民主化進程都扮演重要角色。本書的出版，希望能影響更多當代的年輕人，引發「追求百分百自由」的共鳴，期待讀者們都能在這本書中找到自己認同的「自由精神」，學習爭取百分之百的自由，走出屬於自己的「自由之路」。

序

從一粒種子到絢爛繁花

李敏勇（詩人、文化評論者）

五一九綠色行動三十週年，鄭南榕基金會特別出版了《百分百自由教戰手冊》這本書。〈百分之一的自由種籽〉，記述、呈現鄭南榕；〈百分之九十九的自由開花〉，訪談了包括獨立媒體、出版、教育、居住、勞工、移工、性別、原住民領域社運實踐者、學者，抒發相關課題；並以〈「五一九綠色行動」三十週年回顧〉的百分百自由與轉型正義關係，闡述了多位政治人物及與學者的立法、司法、行政面觀照。構成了回顧一九八六年，戒嚴近四十年時際，鄭南榕在自由時代時期發起五一九綠色行動，以至之後——他於一九八九年四月七日，自焚殉道，以至其後台灣民主運動的再開展、自由化再進步的凝視與省思。

環繞在以自由為核心，並觸及人權、正義的公共領域諸多課題的這本書，不只是為了紀念五一九綠色行動三十週年，更是當下台灣持續邁向自由之路的鑑照和追尋。經歷過漫漫長時期的戰後台灣自由之路，既是民主化，也是獨立化的歷程，交織著政治和文化的群眾運動。鄭南榕以生命的印痕為這樣的運動烙下的形跡，不斷促進了運動的再開展，不但在他的時代，也為後來的時代蓄積光與熱的能量，綻放出更亮麗的花，結出更豐碩的果。他的生命彰顯在他推進的社會運動，成為一座又一座礎石，不斷呈顯在人們的心版。

自由之路必須不斷地追尋，《百分百自由教戰手冊》在五一九綠色行動三十週年時際的出版，彷彿一盞自由之光亮起，提示我們歷史之途、開拓之路。

百分百自由教戰手冊

0%

鄭南榕小記／鄭南榕基金會

出身與成長

叛逆、浪漫性格，思想養成

一九三四年至一九八四年——一九五〇年代的台灣，背景是國民黨政府遷台，亦為台灣經濟初步復甦，政治卻充滿白色恐怖的年代。一九四七年爆發「二二八事件」，亦為鄭南榕出生那一年，鄭南榕一家必須在鄰居保護下，才能免於被主張向外省人報復的民眾攻擊或欺負。

思想養成

一九三四年，鄭南榕的父親鄭木森十三歲，隻身從中國福州來台灣，在台北城邊西門町學理髮，這是鄭家來台灣之始。一九四六年鄭木森與基隆人謝惠琛結婚，隔年二二八事件爆發前，鄭木森回福州找自己的母親，一面想報上即將當父親的喜悅，一面也想確認守寡的母親在福州被迫改嫁後的下落，留下妻子謝惠琛在台經歷二二八事件造成的省籍衝突。四月鄭父回台，九月十二日鄭南榕在台北市漢口街出生。原籍羅東，七歲後隨父母轉入中興紙廠羅東總廠（中興文化創意園區現址），父母各經營廠內福利社的理髮廳和美容院，幼、少年時期在羅東街頭及紙廠宿舍區內成長。學進國小羅紙分校（後移校改立中興國小）畢業後，第一名考上宜蘭中學初中部。

對照一九五〇年代台灣社會氛圍，在鄭家，二二八事件反而不是禁忌，鄭南榕時常聽母親講述二二八經歷過的事，二二八事件也因此影響了他的一生。鄭南榕在羅東紙廠相對優渥的環境成長，社區內外省、本省人混居，他雖然觀察到外省的優越和高姿態，但也看到普通民眾和平共處，創造和諧、化解恐懼的可能。

鄭南榕父母因自由戀愛而結婚，其母親更是不顧養母家庭的反對，嫁給來自福州的鄭父；父親天生的自由特質，且形式上有家庭民主的作為，如家庭事務由全家投票表決（么弟小學一年級在家也有投票權），撒下初步接近古典自由主義的種子。

初中畢業，鄭南榕同時考上台北工專、建國中學，因為是家中長子，父親本希望他就讀工專，儘早出社會協助家計，但他決定負笈台北就讀建中，希望往後就讀大學。父親並未因此不悅，反而安排鄭南榕借住於板橋婦聯二村的表叔家，表叔時任警備總部特用翻譯，專司日文書信檢查，在這段期間，表叔觀察鄭南榕，尚無任何思想上獨特的表徵。高三搬離表叔家，與一群羅東同鄉合租房子，其中一人後來成為陳定南先生首任機要秘書，一般人看到他一九八六年在獄中的筆記，多認為鄭南榕思想啟蒙自成功大學西格瑪社，然而其么弟鄭清華則認為，鄭的思想在高三時，離開板橋婦聯二村之後，已經開始有獨立思考的萌芽。

建國中學畢業後，他考上成功大學工程科學系，因志趣不合兩次休學重考，鄭南榕說過：「我可以做一流的哲學家，不要當三流的工程師。」因此，他先考進輔仁大學哲學系，隔年再轉入台灣大學哲學系，大四拒修「國父思想」，選擇不畢業。鄭南榕大學共念了六年，三所學校兩科系：成功大學、輔仁大學、台灣大學三校，工程科學、哲學二系。在一九六六年曾任成大「西格瑪社」社長，「西格瑪社」的前身是「火星社」[1]。

鄭南榕閱讀的書目繁多、不限類別，特別喜愛偵探推理小說；從弟弟的追溯回憶中，一九七〇年代以前風光一時的舊書街——台北牯嶺街，是鄭南榕就讀建國中學時常光顧的地方，舊書攤對於鄭南榕思想的養成有不可抹滅的重要性。青年時期的鄭南榕給自己取個別名——鄭恆，訂製了「鄭恆書室」的刻章蓋在書封內頁，同家人的書籍區隔。他也為自己取了一個英文名字，南榕的諧音Night-Long，而這個英文名字便是後來人們稱他Nylon的緣起。

台大期間，鄭南榕擔任台大哲學會會長，也曾兩度去台大教職員宿舍拜訪自由主義學者——殷海光

1　1963年2月成大電機系一年級學生劉定泮與林蒼生等人發起。

教授，殷海光當時已不在台大授課，而是被監禁在教職員宿舍內，殷海光要他別再來以免招來危險，他曾說過南榕是理想主義者。葉菊蘭說：第一次看到鄭南榕掉眼淚，是殷海光一九六九年去世的時候，從來沒看過一個男人哭得那麼傷心[2]。葉菊蘭眼中的鄭南榕一直是個叛逆性格很強的人，也是一個思考很敏銳的人。他念大學的時候，就常常和同學組成討論會，和教授、同學探討各種問題，對所衷心的某些哲學課程，相當的用功[3]。

婚姻生活

重考進入輔大哲學系，鄭南榕在新生訓練第一天見到葉菊蘭，雙方一見鍾情，彼此都是哲學系新生，沒多久便於校內公布欄貼公告宣示雙方情投意合，追妻行動大膽、有效。葉菊蘭來自苗栗銅鑼，客家老爸強烈反對兩人交往，一方面因為鄭南榕是外省人，一方面覺得學哲學，無法給女兒生活保障。畢業後鄭南榕當兵，葉菊蘭回苗栗教書，父親禁止雙方通信，那時鄭南榕只能發給電報給葉菊蘭。

一次假日，葉菊蘭對父親謊稱要與同事一起去獅頭山郊遊，搭上了和鄭南榕同一班北上的列車，與友人在台北火車站會合後去法院公證，再若無其事地回家。鄭南榕常帶葉菊蘭逛書店、畫廊、咖啡廳，帶著她生活。常常對她說：「妳很棒，只要妳想做，妳可以做得很棒。」建立了從鄉下來都市打拚的葉菊蘭信心。

就業

一九七二至一九八四年間，鄭南榕只有頭兩年擔任公司職員，曾在紡織業上班，負責外銷，不久升為副理。後來自行創業，進口並販售瑞士喉糖、製作書卡和鋪設小禮品店面；做過太陽能熱水器生意。

2—〈鄭南榕求仁得仁〉林淑如，《自由時代》第123期（1986年06月09日）。

3—〈鄭南榕求仁得仁〉林淑如，《自由時代》第123期（1986年06月09日）。

但因為太前衛了，市場還未成熟，所以創業並不成功。

生命轉向

受到一九七九年「美麗島事件」、一九八〇年「林宅血案」刺激，鄭南榕開始展現對社會的行動力，白天常常到立法院旁聽會議，一坐就是一整天，鄭南榕把立法院當作觀察政治、研判新聞、報導寫作的教室。晚間幫黨外雜誌寫稿，《深耕》、《政治家》都曾刊登過鄭南榕的稿件。鄭南榕的女兒竹梅在一九八〇年出生，葉菊蘭回憶，女兒出生後，鄭南榕才開始寫文章，發表意見。因為他覺得他對他的下一代有責任，他要使他的女兒有一個更好的環境。他不要他的女兒有一天責怪他，都是這一代沒努力，才使她活在一個不自由的環境。鄭南榕的朋友都知道他對女兒的感情，每天晚上，他一定講故事給她聽，父女倆的感情好得不得了[4]。

4 —〈鄭南榕求仁得仁〉林淑如，《自由時代》第123期（1986年06月09日）。

自由時代系列週刊

爭取百分百自由

一九七〇年至一九八〇年——一九七〇、一九八〇年代是黨外雜誌興盛的時期，國人對反對國民黨的勢力稱為「黨外」，對其所辦的雜誌，稱為「黨外雜誌」。一九七五年，黨外人士所辦的第一份政論刊物《臺灣政論》出刊，揭開了利用雜誌傳播「反對意識」的政治動員運動。[5]

創辦雜誌

根據妻子葉菊蘭回憶，在一九八四年創辦雜誌前，鄭南榕將年輕時代的所有書信以及情書全部燒毀。鄭南榕思維縝密，這個動作是防患未然，避免來日情治單位藉口搜索南榕家中資料，以其隱私攻訐鄭南榕或他的妻子。為了辦雜誌，鄭南榕到處收集大學畢業證書，並向新聞局登記為發行人，以作停刊時的備胎之用，為了對抗當時的警備總部的查禁、沒收和新聞局的停刊處分，他總共登記了二十二張執照，又逐步建立印刷、裝運和行銷網絡。

一九八四年三月十二日，「自由時代」系列週刊誕生，高舉百分之百言論自由的標竿，在驚濤駭浪和危疑震撼下，《自由時代》週刊，一直到鄭南榕自焚後一九八九年十一月十一日發行最後一期才結束，總共經歷了五年八個月，出版三百〇二期，是最長壽、也是最暢銷的黨外雜誌。在當時仍然封閉的

5—〈一九八〇年代初期臺灣黨外政論雜誌查禁之探究〉林清芬，《國史館學術期刊》第五集。

言論環境下，期期出刊，攻城掠地。《自由時代》週刊客觀忠實報導，不顧國民黨政權的言論箝制，揭發許多當時的政治黑幕，勇於挑戰禁忌，也因此創下被查禁和停刊次數最多的紀錄。

在《自由時代》創刊伊始，就在封底明白寫下鬥爭綱領——爭取百分之百的言論自由。鄭南榕認為，這是一個民主社會的「充分且必要」條件，也是歷年來黨外人士奮鬥的一個目標[6]。他深信，所有的自由裡，第一個應該爭取的是言論自由，有了言論自由以後，才有可能保住其他的自由[7]。一九八五年九月，雜誌社的運書專車在台中被便衣人員攔截並拔槍威嚇發行員工。對此，鄭南榕表示：「言論自由絕不可以用政治尺度來束縛。面對像蔣家這種沒有尺度、謀殺、刑求、監禁，無所不為，把人民當作敵人的統治者，任何一個有尊嚴的人都不應該同他們妥協。更不可以搖尾乞憐向他們討求一個拿來束縛自己的『準繩』。我們要的是徹頭徹尾、不折不扣的自由。不論他們拔槍之後，何時開火，我們總要周旋到底，爭取百分之百的自由。」[8]

雜誌與社會運動

第一期雜誌的社長為陳水扁、總監為李敖，鄭南榕則為創辦人。雜誌的發行為黨外運動宣傳提供了曝光的管道，黨外運動也帶給雜誌社新聞的報導價值。鄭南榕結合雜誌和運動兩大戰場，以密集的攻勢，突破官方四大禁忌，其中包括蔣家神話、軍方弊端、二二八、台灣獨立，他的戰鬥力的旺盛，在沉寂的台灣新聞界中相當突出。

6—〈槍口之下，我們依然爭取100%的言論自由自由時代〉鄭南榕，《自由時代》第088期（1985年09月21日）。
7—〈四年辛苦不尋常——創刊四週年感言〉，《自由時代》第215期（1988年03月12日）。
8—〈槍口之下，我們依然爭取100%的言論自由自由時代〉鄭南榕，《自由時代》第088期（1985年09月21日）。

反戒嚴

一九四九年五月十九日頒布「戒嚴令」，人民自由與基本人權被限制，包括集會、結社、言論、出版、旅遊被限縮，言論自由普遍被限制，政府對共產黨人士、異議人士（普遍為黨外人士）常進行逮捕、軍法審判、關押或處決。至一九八六年，戒嚴已三十七年。

行動思想家

鄭南榕讀哲學，專攻邏輯，因為他認為那是一門明辨真偽、因果、是非，沒有曖昧矯飾，難以妥協，執著無畏的科學；他也信仰古典自由主義，更堅持個人的尊嚴，和其價值的追求；他常說：「我是一個行動思想家」。

發起社會運動的理由

鄭南榕自述：「我在大學時代就有台灣應該獨立的想法，那時候我認為，第一、台灣要走上民主政治的路，一定要先破除國民黨的統治神話；台灣只有獨立，才可能真正民主化，才可能真正回歸人民主權。第二、二二八事件之所以發生，是因為中國與台灣兩地經濟、文化、法治、生活水平相差太遠，強行合併，悲劇自然發生。現在，這種情況將再度發生於海峽兩岸，只有台灣獨立，才可以避免另一次二二八事件。[9]」

一九八六年「五一九綠色行動」

一九八六年起，鄭南榕突破當時的政治禁忌，開始強化自由主義的信念與行動，策劃推動「五一九綠色行動」，他認為，黨外人士的活動，尤其是政論雜誌不斷的挖掘探索，已經喚醒多數民眾開始正視台灣的政治危機，並帶領各種傳播媒體逐項突破言論禁忌，強化整個社會的政治關懷，迫使蔣政權不能再裝聾作啞。這種政治參與程度的大幅提高，毋寧是黨外運動的一點點效果，尤其政論雜誌更是與有榮焉。更進一步說，如果能推動民眾由「靜態而被動」的關心，到奮臂而起，「積極主動」參與，這才是今後運動的主題。在創刊兩週年之後，將由「爭取百分之百的言論自由」，進而致力於「爭取百分之百的解除戒嚴」，推動「五一九綠色行動」，便是這樣一個新的開始[10]。

一九八六年五月十九日，黨外綠旗飄揚在艋舺龍山寺。抗議戒嚴卅七年的「五一九綠色行動」，正式展開。原本群眾要從龍山寺集合前往總統府，但被兩千名警力圍住，封鎖龍山寺四周所有的道路，以致原訂「到總統府抗議戒嚴」的遊行示威活動無法展開，雙方對峙十二個小時，還有支持五一九綠色行動的民眾空投食物。事後，鄭南榕指出，我們的目標是遊行，這個目標並未達成。如果國民黨不阻止我們遊行，他們不但會得到「開明的形象」，同時「五一九遊行」大概也會在半小時就結束，可是愚笨的國民黨卻用包圍來阻擋遊行。從另一面來看，黨外順利遊行半小時的效果，反而不如在龍山寺堅持十二個小時的效果來得大。能夠堅持十二個小時，這是大家的成功。五一九綠色行動的整個推動過程，從構想、宣傳、策劃，不過九十天左右，黨外能夠運用的媒體又十分有限，只靠幾本銷路有限的黨外雜誌，但是仍然能號召這麼多人一起來參加「遊行」，這表示有許多人希望取消戒嚴[11]。

9—〈鄭南榕史詩型的一生〉胡慧玲，《自由時代》第272期（1989年04月16日）。

10—〈爭取100%的解除戒嚴〉鄭南榕，《自由時代》第111期（1986年03月17日）。

11—〈「519綠色行動」現場實況報導〉自由時代採訪組，《自由時代》第121期（1986年05月26日）。

看守所

五一九綠色行動後，一九八六年六月二日上午十點時三十分，鄭南榕被管區派出所以「約談」名義騙出。前往管區派出所途中，「陪走」刑警出示通緝令，將他逮捕。於派出所稍事逗留之後，便由早先布署的中山分局偵防車，載至中山分局，於十二時左右被解往台北地方法院，並於下午五時押往土城看守所當場收押。有人認為他是因張德銘的控告而入獄，知道內情的人卻指出：鄭南榕早就以「爭取百分之百言論自由」為國民黨所恨，而他這次被抓，則是國民黨大規模迫害行動的一環[12]。

同年七月七日，鄭南榕在開庭時表示：「如果這個不是政治審判的話，為什麼我不准交保？又為什麼必須上手銬？我根本沒有犯罪，今天法院審判我就是審判新聞自由，我辦雜誌的義務就是要把真相報導給民眾知道，所有採訪的過程都合乎新聞寫作原則，有正確可靠的消息管道，訪問熟悉當地政情的人，根據事實而撰述，並派人加以仔細查證，如果我這樣還被判有罪的話，那麼國內所有的報刊雜誌的記者和編輯，他們也通通犯了誹謗罪，因為他們甚至也有只是根據道聽塗說的傳聞，就捕風捉影地加以大肆渲染了。」[13]

鄭南榕被捕後，《自由時代》週刊刊登他的心路歷程——「應該做的事就一定要做！」。鄭南榕不跟戒嚴合作，於是他發起「五一九綠色行動」；鄭南榕不跟萬年國會合作，於是他想推動「中央民代全面改選百萬人簽名運動」；鄭南榕不跟黨禁合作，於是他加入「台灣民主黨建黨委員會」，並計劃成立「台灣本部」。鄭南榕不跟國民黨政權合作，國民黨當局只好讓他「求仁得仁」[14]。

12—〈大整肅的開端——鄭南榕案的真相〉，《自由時代》第123期（1986年06月09日）。

13—〈審判我，就是審判新聞自由——「鄭南榕案」開庭記〉，《自由時代》第128期（1986年07月14日）。

14—〈「應該做的事就一定要做！」—鄭南榕的心路歷程〉，《自由時代》第123期（1986年06月09日）。

主張台灣獨立

一九八七年四月十八日在台北市金華國中反《國安法》演講上，鄭南榕意氣風發的站在台上，痛快大聲地說：「我叫做鄭南榕，我主張台灣獨立。」他是第一個在公開場合主張台灣獨立的人。事後，他在雜誌的專訪被問到：你為什麼說「我主張台灣獨立」？他回答：「台灣獨立一直是我的政治信仰，也是大家公認的事實。四月十八日那天晚上，我講『我主張台灣獨立』，只是選擇在一個適當的時機，說出我的一貫政治主張而已。」[16]接著他又被問：現行法律體系中，並沒有具體的法律條文，得對主張「台灣獨立」的人加以論罪科刑，但國民黨會動用《刑法》的叛亂罪或《懲治叛亂條例》，來處罰台獨分子，難道你不怕這些法律效果嗎？他回答：「人民有表達各種政治主張的自由，沒有任何法律可以剝奪人民這項自由。目前也沒有任何法律，只因我主張台獨，就判我入罪。」「公開主張台獨，就是突破這項言論禁忌。」[17]

一九八七年「五一九示威」

一九八七年，鄭南榕成立「五一九綠色行動本部」，發動「三一八抗議《國安法》」做為暖身運動，當天約五百位民進黨人士及支持者聚集在立法院大門，展開抗議行動，表達「只要解嚴，不要《國安法》」的決心。並計畫於四月十九日在總統府定點集合、示威，反對國民黨制訂《國安法》，實踐人民的《憲法》權利。鄭南榕強調，國民黨正在制訂的《國安法》，實質上是一種經過化妝的「戒嚴」。解除戒嚴，就該解除對人民權利的限制，否則，《國安法》一通過，台灣實質上仍在繼續戒嚴[18]。其後，因擔心行動的編組工作不夠理想，怕落入國民黨存心製造事端的陷阱。又民進黨內部尚未形成一致意

15—〈不要做國民黨的「飼料豬」〉，《自由時代》第169期（1987年04月25日）。
16—〈不要做國民黨的「飼料豬」〉，《自由時代》第169期（1987年04月25日）。
17—〈不要做國民黨的「飼料豬」〉，《自由時代》第169期（1987年04月25日）。
18—〈「包圍立法院，抗議國安法」——訪鄭南榕〉，《自由時代》第163期（1987年03月16日）。

見，行動若按期舉行，恐造成分裂局面。「五一九綠色行動本部」決定「四一九到總統府示威」延至五月二十四日舉辦。民進黨五月十一日決議舉辦五一九示威，「五一九綠色行動本部」為整合內部力量，提昇團結形象，願意將反對《國安法》有關抗議活動，全部歸由民進黨社會運動部統籌辦理，現有人員願接受社會運動部統一指揮。五一九當天，民進黨社運部為反對國民黨制訂國安法而舉行的「遊行總統府大示威」，以「要求立即解除戒嚴且反對《國安法》」為訴求在孫文紀念館集合並舉辦演講會，隨後在忠孝東路上遊行。這項示威活動獲得廣大民眾熱烈的支持。有將近三萬人湧至示威現場。

二二八公義和平運動

鄭南榕曾因違反《選罷法》，未審先判入獄近八個月，一九八七年一月四日出獄，不久後便是二二八事件四十週年，甫出獄的鄭南榕出面邀請十三個戮力於民主運動的民間團體組成「二二八和平日促進會」，是為轉型正義——以「公布真相，平反冤屈，追求台灣永久和平」為立會宗旨。短短半個月，海內外共有五十六個團體加入成為會員。

二二八對鄭南榕的影響

鄭南榕出生於一九四七年，二二八大屠殺之後，在他第一次求職的履歷表上，他這麼寫著：「我出生在二二八事件那一年，那事件帶給我終生的困擾。因為我是個混血兒，父親是日據時代來台的福州人，母親是基隆人，二二八事件後，我們是在鄰居的保護下，才在台灣人對外省人的報復浪潮裡，免於受害。[19]」後來他之所以強烈主張台灣獨立，並且不惜以身殉道，二二八事件是一個明顯的起因。

二二八和平日促進會

鄭南榕發起，成立於一九八七年二月四日，會址設於《自由時代》雜誌社，由陳永興醫師、李勝雄

19 —〈鄭南榕史詩型的一生〉胡慧玲，《自由時代》第272期（1989年04月16日）。

律師擔任會長與副會長，鄭南榕則擔任總幹事。於台南、台中、彰化、嘉義等地舉行遊行、演講會，呼籲台灣社會大眾紀念二二八事件，促成公布真相、平反冤屈，訂立二月廿八日為和平日。透過一連串紀念活動的舉辦，二二八事件的陰影和禁忌終於在四十週年的時候被突破，台灣人民得以公開追思祭拜受難的先賢，受難者和家屬的心靈終能得到平安和安慰[20]。

鄭南榕表示，「二二八事件」至今已四十年，台灣從來沒有公開且盛大的紀念活動，雖然台灣基督長老教會會舉辦過追思禮拜，但我們應對台灣全體百姓作一公開表示，使台灣百姓心中不再驚怕[21]。他認為，解決的第一步是將整個事件的真相公諸於世。任同一種仇恨，都必須透過深刻的了解，才能獲得諒解與化解。另外，也唯有透過以事實真相為基礎的討論，才能獲得真正具有啟示性的「歷史教訓」，防止悲劇再度發生，並讓永久的和平降臨台灣[22]。

20—〈為了不再流血——紀念二二八，促進台灣真正和平〉陳永興，《自由時代》第213期（1988年02月27日）。

21—〈「二二八和平日促進會」成立記〉李薔，《自由時代》第158期（1987年02月09日）。

22—〈以和平紀念二二八〉鄭南榕，《自由時代》第159期（1987年02月16日）。

新國家運動

一九八七年八月十日，一百餘位台灣政治受難者在台北市國賓飯店召開大會，成立「台灣政治受難者聯誼總會」，通過將「台灣應該獨立」列入組織章程。九月十九日，台灣高等法院檢查處發出傳票，傳訊該會的蔡有全與許曹德，罪名是主張「台灣獨立」，涉嫌叛亂。各界包含民進黨、基督長老教會等組織聲援會，全台掀起聲援「蔡許台獨案」的遊行。隔年一月，經第一審高院判決，蔡許分別遭判有期徒刑十一及十年，二人上訴最高法院，八月，二人確定遭判十一年及七年。此案的聲援活動持續甚久，演變成討論「國家定位」的議題，藉此機會，鄭南榕呼籲，基於台灣人尊嚴的重建與台灣人共同命運的考量，大家務必把握這種千載難逢的良機，再往前跨一步，及時展開全面的「建國運動」[23]。

一九八八年底，鄭南榕與「台灣政治受難者聯誼總會」會長黃華以「愛與非暴力」的原則，推動「台灣新國家和平改造運動」，簡稱「新國家運動」。

新國家運動的四大目標：

一、喚醒全民認同台灣，關切台灣前途，並共同努力維護台灣國際主權之獨立地位。

二、呼籲全民共同走上街頭，壓迫執政當局接受國家體制全新民主化的和平改造。

三、開啟獨立建國的新契機。

四、提倡新國號、新憲法、新體制、新國會、新政府、新文化、新社會、新環境[24]。

23—〈全面展開「建國運動」〉鄭南榕，《自由時代》第239期（1988年08月27日）。

24—〈新國家運動緊鑼密鼓〉李台生，《自由時代》第247期（1988年10月22日）。

這項運動的行軍隊伍，十一月十六日在台北市跨出歷史性的一步，在「新國家」、「新憲法」、「釋放許曹德、蔡有全」的有力訴求下，精神抖擻地朝向台灣全島邁進，以順時鐘方向環島遊行、演講，不僅聲援「蔡許台獨案」，更將「新國家」的理念帶至島嶼的各個角落。「新國家運動」行軍於十二月二十五日返回台北出發點，歷時四十天，全程一千公里，堪稱是當年為期最長的反對運動之一。

精神焚而不毀

一、堅持言論自由

一九八八年十二月十日，《自由時代》週刊第二五四期，刊登許世楷的「台灣新憲法草案」，隔年一月二十一日，鄭南榕接到第一張涉嫌叛亂的法院傳票，對於這項罪名，他拒絕接受，公開宣布「國民黨抓不到我的人，只能抓得到我的屍體」，並行使「抵抗權」，一月二十六日起開始自囚於雜誌社中。

二、自囚期間

鄭南榕在總編輯室桌下擺了三桶汽油，用膠帶黏著一只綠色的打火機，並在雜誌社內外構築工事，由各地前來支援的義工日夜駐守，防範軍警強行拘提。一九八九年四月七日早上，鄭南榕自囚總編輯室的第七十一天，雜誌社先被切斷電，接著發現電話也不通，很快的，軍警荷槍實彈來到雜誌社，鄭南榕請雜誌社員工邱美緣小姐帶著在場的稚女、義工等人往另一方向的窗戶離開，自己反身進入總編輯室，以驚人的自焚行動，證明了他的決心，並對他百分之百言論自由的理想，做了最徹底的實踐。

1%

百分之一的自由種籽

戒嚴，戒掉多少人的尊嚴？

白色恐怖的記憶與省思

薛化元

有關白色恐怖的歷史記憶，除了受難者及關係人以及關心者之外，過去一般台灣人對白色恐怖時代的認識，往往是從政令宣導的「小心匪諜就在身邊」、「知匪不報與匪同罪」，到感受到威嚇、恐怖的「人人心中都有一個小警總」噤聲年代。透過持續的研究與發掘，國人對白色恐怖的歷史記憶也有所改變。而在期待轉型正義進一步展開之際，對於目前一般盛行的說法，也有必要重新審視。

首先，是對白色恐怖年代的重新思考。長期以來，一開始大多認為白色恐怖是一九五〇年代發生的歷史事件。在此一論述中，認為白色恐怖是右翼的國民黨政權對被視為左派人士，或是中國共產黨的鎮壓。而一九五〇年代，確實也是戰後國民黨當局，對反對派或潛在反對人士的鎮壓逮捕人數最多的時期。因此，一九五〇年代的白色恐怖也被普遍性的傳播。不過，對國民黨政權而言，它統治期間對反對派人士的鎮壓不分左派或是右派，而是以可能對它的政權造成潛在的威脅作為考量，而更多的是在恐怖氣氛下造就的冤假錯案。就此而言，白色恐怖又與《懲治叛亂條例》及戒嚴時期產生密切的連結，在這樣的歷史脈絡中，台灣的白色恐怖年代逐漸被修正，存續期間是從一九四九年到一九八七年解嚴為止，戒嚴時期不當審判條例的適用範圍，也是在這個階段。

但是，進一步思考國民黨政權對於人民言論表現的鎮壓，特別是將政治的異議人士視為叛亂犯來處理，至少要到一九九一年，終止《動員戡亂廢除懲治叛亂條例》及一九九二年修改《刑法》一百條為止。就此而言，台灣的白色恐怖年代，或許應該從一九四九年延續到一九九二年才比較合理。以此思考，如果與「鄭南榕自焚事件」作整體性的考量，其論述的合理性也更為突顯。鄭南榕自焚在解除戒嚴之後，由於他主持的《自由時代》雜誌，刊登了許世楷寫的「台灣共和國憲法草案」，而被以叛亂罪嫌移送法辦。他為了捍衛言論自由，為了捍衛主張台獨理念的自由，最後不惜以自焚抗議。此一事件的發生，清楚呈現了解除戒嚴並不足以完整地去除台灣的白色恐怖的氛圍，至於導致《懲治判亂條例廢除》及《刑法》一百條修正的，則是一九九一年終止動員戡亂後發生的「獨台會事件」（一九九一年五月九日，法務部調查局以加入「獨立台灣會」為由，進入清華大學拘捕學生事件。）。至於在此前後「台獨聯盟返台事件」，以及鄭南榕參與的「新國家運動」，基本上也都直接衝撞前述箝制台灣人民追求自決主張的法規限制。

其次，則是對發生白色恐怖歷史原因的討論。學界對白色恐怖的研究，許多是強調所謂中國內戰及世界冷戰的雙戰歷史結構所導致。這樣的說法有一定的解釋力，但是在某種程度上卻不足以說明白色恐怖在台灣延續如此之久的原因。站在台灣歷史的脈絡來看，冷戰的持續是國民黨政權取得美國支持的關鍵性因素之一，因此，對美國而言，雖然宣示自由民主與共產極權的對抗，卻對國民黨政權的強人威權體制統治下發生種種人權侵害案件，抱持相對冷漠的立場。這是美國基於它的戰略價值考量或是國家利益的思考，對台灣民主與人權的發展相對忽視的結果。而國民取得了美國的支持，對於國民黨政權在台灣遂行高壓統治，則提供了外在的支持。而強調中國內戰的因素，主要是認為國民黨當局面對中華人民共和國以武力解放台灣的威脅，為了維持台灣的安全不得已採取透過軍情單位廣布網羅，強化在台灣的控制，因而，發生白色恐怖的種種事件也有其歷史的不得已。問題是，這樣的主張是否合理呢？如果以一九四九年年底，國民黨政權敗逃到台灣，在風雨飄搖之際或許勉強還有點道理，可是從一九五〇年韓戰爆發，美國派遣第七艦隊進入台灣海峽實施「中立化政策」以後，台灣根本上已經免除來自人民解放軍直接的武力威脅，更不用提一九五五年「中美共同防禦條約」生效之後，成為約束美國繼續派駐軍力協助國民黨政權的依據。在此狀況下，台灣的安全更得到國際條約的保障。而環顧一九五〇年到一九六〇年代，所有台海兩岸的武裝衝突，幾乎都發生在中國大陸的沿海，更可明顯看出台灣事實上並非處於接戰狀態的事實，在這樣的歷史條件下，在台灣長期實施劃入接戰區域的戒嚴，基本上欠缺足夠的正當性基礎，反而突顯了國民黨政權透過白色恐怖鞏固其統治的歷史現象。

而國民黨的高層成員對此也並非完全沒有意識，最晚在一九五八年王雲五奉命主持的「總統府臨時行政改革委員會」，也曾經對情治、司法人員傷害人權的責任，提出改革的建議。在委員會正式提交給蔣介石的報告中，針對有關人身自由保障方面，具體提出七項建議：

（一）行政院於四十三年十月十四日以法字第六四九三號令，通斥各機關，遵照《提審法》規定，不得非法逮捕拘禁以重人權在案，應由行政院重申前令，切實遵造《提審法》之規定，以崇法治。

（二）執行逮捕之機關，應切實遵照《憲法》第八條之規定，於二十四小時內，將被逮捕人移送法院，不得擅以繼續調查證據為由，向法院聲請延長羈押。法院檢察官，亦不得輕予批准。否則，應負刑法瀆職罪之責任。

（三）執行逮捕、拘禁之公務人員，於人民被逮捕拘禁時，未將逮捕、拘禁之原因，書面告知，或於接到提審票後，不於二十四小時內，將被逮捕拘禁人，解交提審法院者，依提《審法》第九條之規定，處二年以下有期徒刑，拘役或一千元以下之罰金。此項規定，應廣為宣告，以資警惕。

（四）刑事被告人之羈押，《刑事訴訟法》第一百〇一條及第七十六條，原有嚴格規定，應由行政院令飭司法行政部，轉知各級法院，切實遵守，不得濫行羈押。否則即依刑法規定，處以瀆職罪。

（五）警察憲兵或其他治安機關人員，不得於午夜十二時後，黎明六時前，以突擊檢查為由，任意進入人民住宅或旅社房間。如為治安上十分必要，而又奉有上級命令者，雖可於夜間檢查，但必須穿著制服，佩帶符號，攜同證件。並儘可能，避免進入臥室，否則以妨害自由論罪。

（六）嚴格禁止逮捕、拘禁、審問機關對於被拘禁之人施行刑訊或疲勞審問。違者依《刑法》規定，處以瀆職罪。

最後，更提出檢察官明知有前述（三）（四）（五）（六）項事實，而不予檢舉起訴者，亦均以瀆職罪論處。

這是在動員戡亂時期戒嚴令存續的前提下，部分國民黨高層提出保障人權的主張。而擱置改革主張的，正是手握大權，要求王雲五為首的高層人士提出改革建議的蔣介石。他連這種有限的改革都不願推動，厲行侵害人權的白色恐怖，甚至擅權主導政治案件的判決，就此而言，對白色恐怖而言，長期掌握的蔣介石，固然應該負擔最大的歷史責任。

不過，形象相對「清新」的蔣經國，實際上也必須負擔執行白色恐怖，包括行政政治及歷史的責任。長期以來，大家認知的蔣經國，相較於蔣介石似乎較為開明、控制不如過去嚴厲。但是，縱使不提在接班之前他長期主導情治單位，是白色恐怖案件的重要負責人，在一九七〇年代接任行政院長之後，蔣經國不論是在對言論的壓制上，或是台灣本土文化的壓制方面，都採取相當高壓的手段。或許時代環境的不同，特別是在一九七一年中華民國失去聯合國中國代表權之後，在一九七二體制下，外在要求台灣進行政治改革的壓力越來越大，特別是美國由於對台灣戰略價值判斷的改變，轉而對台灣的自由民主人權採相對為積極關注的立場。一九七八年底卡特總統宣布即將與中華人民共和國建交，不再承認中華民國，美國透過《台灣關係法》規範其與台灣的關係，課予美國正必須注意台灣自由民主人權的發展，如此，反而強化了台灣必須在政治改革上更用把勁的外在條件。蔣經國也是在此一脈絡中，才有進一步制度的改革。縱使如此，在蔣經國統治期間，縱使到了最後解除戒嚴，他仍然對於言論自由，採取相對的控制立場。甚至在解嚴之前，連「戒嚴法」所賦予的受難者向普通法院尋求司法救濟，追求平反的可能性，也透過《國家安全法》予以封殺。就此而言，白色恐怖時期政治案件的無法平反，蔣經國的決策必須負擔最大的政治責任。

五一九綠色行動的歷史意義

薛化元

一九八六年五月十九日，為了抗議國民黨政府從一九四九年開始在台灣實施的長期戒嚴，以鄭南榕為首黨外新生代人士發起了「五一九綠色行動」。選擇五月十九日，在某種意義上正是對一九四九年那一天宣布戒嚴（五月二十日零時起實施）的歷史批判。當時台灣已經實施了三十七年的戒嚴，雖然長期戒嚴的正當性，已經受到強烈的質疑，來自國內外要求解除戒嚴的呼聲此起彼落，但是，蔣經國領導的國民黨當局的回應卻不明顯。而且對當時黨外公職為主組織的「黨外公政會」，也不願提供體制內合法化的可能，更時而傳出可能進行取締的壓制行動。

對「黨外公政會」組織的進一步發展，特別是成立分會，可能導致國民黨當局的取締，陶百川、李鴻禧、胡佛、楊國樞等四名中介人士則試圖邀請雙方代表溝通，緩和朝野對峙的氣氛，避免國民黨當局的強力鎮壓。不過，組織化是當時黨外運動者努力的目標，對於國民黨當局以可能採取壓制手段要脅黨外人士放慢公政會的發展，也引起部分黨外人士的強烈不滿。就在舉行餐會的五月十日，以顏錦福、陳水扁為首的黨外公職人員，便宣布成立「黨外公政會台北分會」。此舉自然促使其他黨外人士跟進，十七日康寧祥也在台北成立了「首都分會」。此後「黨外公政會」的分會便紛紛成立，至此以公職人員為首的黨外組織由中央到地方也已然齊備。但是，鄭南榕等人則試圖進一步把抗爭行動聚焦壓制台灣自由民主改革的戒嚴體制。

五月十九日由鄭南榕等新生代主導，加上部分公職、民主運動前輩的參與，在龍山寺集結了兩百多位黨外人士，他們手持標語，配戴綠色彩帶，準備從龍山寺出發，遊行到總統府請願，要求解除戒嚴。在戒嚴體制下，進行遊行示威本身就是衝撞體制的行為，而宣稱要前進總統府，更使情治單位的神經緊綁。結果，集結尚未完成，上千名的警力就築成數道人牆包圍了龍山寺，不准裡面的黨外人士舉行遊行，雙方對峙了十二個小時。同時，支持解除戒嚴的民眾，也聚集在警方的包圍圈外，並透過各種可能的方式將水、食物送進包圍圈內。這也是台灣戒嚴以來，人民要求解除戒嚴的最強力的抗爭行動。

其後，伴隨著內部持續組織化的努力，以及國外要求自由民主改革的壓力，一九八六年九月二十八日，在全國黨外後援會大會以變更議程的方式，宣布成立民主進步黨，突破黨禁的限制。一九八七年，蔣經國領導的國民黨當局決定要解除戒嚴，條件是必須先制定《國家安全法》。對此，鄭南榕便強力加以批判，認為這樣的解除戒嚴基本上沒有辦法使人民的自由人權得到保障。而要求解嚴，反對制定《國家安全法》，也成為民進黨的重要訴求。一九八七年五月十九日，則由民進黨主導，發動「五一九行動」，在國父紀念館集結群眾，準備進行遊行示威，反對制訂《國家安全法》。但是，國民黨當局則與一九八六年採取相似的圍堵行動，動員數千警力包圍準備遊行的群眾，雙方對峙十多個小時。

就此而言，原本已解除戒嚴為訴求的「五一九綠色行動」，面對國民黨當局形式解嚴，卻以《國家安全法》限制解除戒嚴效果的替代案，鄭南榕和民進黨都轉而反對、批判其的立法。當時關注的重點，主要是雖然國民黨主張，《國家安全法》的制訂是為解嚴預作準備，但因其內容不乏對人民基本人權的限制，特別是所謂的「國家安全法三原則」：不得違反憲法、主張分裂國土及共產主義，更是攸關人民基本言論自由的限制事項。而且意欲以其在立法院絕對多數的席次（包括大量資深委員），強行主導完成立法程序。如此，無論是在程序上或是內容上都有明顯的問題。因此民進黨從六月十日到六月十二日，連續發動群眾在立法院前示威抗議。由於當時對示威抗議的進行並沒有法律規範，對反制行為更沒有規定，結果當時所謂的「反共愛國陣線」也發動支持《國家安全法》的人士到場進行反制行為，因而發生互毆的「六一二」事件。

就後續歷史的發展來看，鄭南榕從主張解除戒嚴到反對《國家安全法》，是有相當遠見的。因為，國安法三原則是對言論表現自由的限制，其後在動員戡亂時期《人民團體組織法》、《動員戡亂時期集會遊行法》的立法或是修法過程中，也加入《國家安全法》三原則的文字，並確立罰則，這對國內政治、社會的發展造成相當的限制，特別是在終止動員戡亂、廢除《懲治叛亂條例》、修改《刑法》一百條之後。另一方面，由於《國安法》的限制，戒嚴令下受到軍法審判的平民，也被剝奪了根據《戒嚴法》尋求司法救濟的可能。如此，解除戒嚴的自由化改革根本達不到《戒嚴法》所規定的效果，相關政治案件的檔案也無法因為實質的再審移送司法機關，使被害人和律師得以瞭解事件的真相，至於國民黨當局也迴避體制內歷史清算的可能。這也使得台灣戒嚴體制內原本有限的「轉型正義」可能，遭到閹割，而無法實現。

對鄭南榕而言，五一九綠色行動也累積了主導大規模群眾運動的經驗，因而隨後在「二二八公義和平運動」及「新國家運動」的發起和行動中，他可以扮演關鍵性的角色，展現他追求台灣主體性的理想，也為當時台灣的政治運動留下了歷史的見證。

99%

百分之九十九的自由開花

社會改革實踐者採訪紀錄

獨立媒體

管中祥：讓邊緣的聲音傳播到公共領域

李屏瑤

#為什麼有人要為言論自由犧牲生命？

一九八九年四月，管中祥參加了人生第一場社會運動。在那之前，他是討厭社會運動的，參加主因他想當記者，想知道什麼是示威遊行。當時的他對社運很不理解，就是純粹的觀察者。他跟學長騎摩托車到士林廢河道，大概在承德路一帶，突然出現上千人的隊伍，黑壓壓的一片、靜默無聲，跟在電視裡看到的穿拖鞋、嚼檳榔、沒有秩序的示威遊行不同，比較接近他小時候看到蔣家父子出殯的印象。那是鄭南榕的出殯隊伍，他一時無法理解，怎麼會有人死掉之後，有這麼多人願意為他做這件事。

接著他們繼續騎摩托車去總統府，他生平第一次看見那麼大量的鎮暴警察、拒馬、蛇籠。現場由長老會主持，進行了一些宗教儀式跟短講，沒發生什麼事，警察就開始強力噴水。眾人跑，他跟著跑，眾人說衝，他就跟著往前衝，有一三十分鐘的時間他都不知道自己在幹嘛。後來他前方十幾公尺處開始冒煙，詹益樺引火自焚。「那畫面實在太震撼，永遠都不會忘記。」管中祥回憶，「這讓我後來想很多，什麼是言論自由？為什麼有人要為言論自由犧牲生命？台灣沒有言論自由嗎？我們不是一直活在民主的社會裡嗎？要談言論自由，鄭南榕那次的經驗、學校社團的經驗跟學運經驗，都讓我衝擊滿大的。」

另一件造成衝擊的事件與台灣運動史上知名的「五二〇農民運動」有關，農民在媒體上的形象如同暴民，蔬菜下方暗藏襲警的棍棒。但他重考大學時看到綠色小組（台灣解嚴前唯一有組織的反對派電子媒體）拍的農民運動，畫面跟在新聞看到的很不一樣，這對一直想從事媒體工作的他，造成極大的震撼。

後來「三月學運（即野百合學運）」一爆發，參加異議性社團的他，遭遇莫名其妙的審稿及打壓，讓他對新聞自由有了更深刻的體會。他舉例，當時辦了一系列的演講，學校指稱這是政治性的，不能辦。又突然下命令說，一學期只能辦三場，叫別人一起來申請就是要制止他們。社團常常跟學校談判，課外活動組組長會出現來錄學生的談話。連參加某場運動，教官都會知道。他回想，「印象很深是那一陣子在弄銅像運動，我跟朋友下課閒聊，說哪天也來弄。上課進教室，我就被教官叫走了。」

#揭發不義的大學教授

參與運動認識許多不同的人，在運動中需要論述，管中祥開始讀書，讀馬克思、法蘭克福學派，發現自己可以讀書。他當時沒考上大學，念的是專科，下決心要考社會系。「要做一個會寫作通順的人其實不難，但要寫有生命力、動人的東西，不是純粹技術性的東西可以做到。我開始大量閱讀，認真地準備考試，這樣一路念上來，進到學院裡。」他一直到念碩士都還想當記者，因為父親也是記者，他抱持著「記者可以揭發不義」的理想；過程卻發現不是如此，開始思考要不要走這條路。後來成為大學教授，進可攻退可守，繼續參與運動跟媒體。管中祥補充：「教書有知識的生產，影響力也不會比記者低。我現在的狀態，大概就是我在念碩士班想像的狀態。」

他的大學階段正好經歷了台灣解嚴、民主化的過程，原本戒備萬分的校方，似乎一夕之間變得開放。台灣相對民主了，開始資本化、娛樂化，人民看似過得很安穩，再來，經歷政黨輪替，管中祥覺得，在這樣愉悅的氣氛中，中間存在巨大的斷裂，有問題被忽略了。「台灣的資本化愈來愈明顯，過去還在愉悅的盼望中，經過十幾二十年，各種問題一一浮現、派遣、低薪、媒體整併、銀行整併、青年貧窮化，那個剝奪感更明確。」他說，「我們成長的年代中國很弱，主要是武力威脅，只要用精神勝利法就可以超越，台灣處於某種獨立的狀態。再來，中國因素就進來了。」

＃媒體改革涉及政治意識形態

國家釋出權力，開放報禁跟廣電媒體，一九九〇年代推動的「亞太營運中心計劃」，進一步降低門檻並且開放外資。自由競爭的狀況下，市場小，但媒體多，永遠都是商業媒體獨大。開放投資的結果，也造成資金來源不明的問題。

「媒體這幾年來都不是作為文化的角色，也非公共論壇，就是營利目的跟公關需求。隨著自由化開放之下的結果，就會出現這種情形。」他說，「我們對於未來，對於民主化的體制是有些期待的，但這個民主化體制的基礎在於反對權威。因為反對權威，某種程度我們是排斥國家的，有時候又希望國家來幫你。究竟我們跟國家的關係是什麼？國家要介入到哪個部分？我們的想法是模糊的。我們的民主化不是建立在公共的概念下，而是反國家的。」

發展出什麼媒體，跟國家的政策息息相關，所以他認為媒體改革是政治運動，涉及到政治的意識形態。台灣市場太小，可不可以發展出多元的媒體結構？政府應該要想一個辦法讓商業媒體、非營利媒體、社區媒體、獨立媒體在市場上有共存的機會；可不可以規範商業媒體的壟斷性，可不可以成立一個公共基金，讓小媒體可以活下去。而言論自由的目的到底是什麼？管中祥覺得這是必須被討論的問題。他認為台灣現在參與媒體改革的人，有一部分在投入的時候，並不是要促成媒體的公共性，而是要反對某些言論大量出現，或是讓自己有發聲的機會。「只爭取『我』可以說話，之後怎麼去聽別人說話、跟別人討論會是有問題的，反而失去交流的可能。如果要做媒體改革，我們該談的是，媒體怎麼去達到公共性。」他舉例，「有些國家的作法，可能頻道不多，但這頻道容納不同的政黨、宗教，可以有時間讓他們說話，但我們並沒有。坦白說今天如果要達到媒體公共性，應該有更多運動的能量在裡面。」

#公民行動影音紀錄資料庫

管中祥從二〇〇七年開始做「公民行動影音紀錄資料庫」，企圖將社會中被主流媒體忽略或是扭曲的公民行動，以影音方式記錄存檔。公庫避免弱勢者跟社會運動被汙名化，為邊緣發聲、監督權力者、促成公共討論，也接近他心中媒體的理想狀態。加上他曾經被綠色小組震撼過，生命的方向產生改變，當年的綠色小組大量去報導他們年輕時候參與過的社會運動，他也以公庫向綠色小組致敬。

「傳播的英文是communication，中文翻成溝通，這是促成民主非常重要的關鍵。溝通之前，大家可以說話，而且是平等的說話。不去對話，就沒辦法看到彼此的差異，不會去尊重對方，不會形成共識。說話的目的、言論自由的目的，如果只在於自己說話，那沒有意義。你要想外籍配偶、外籍勞工、精障者有沒有辦法說話，邊緣的聲音有沒有辦法到公共去？」管中祥解釋，「說不只是訴說，他的生命經驗也會被說出來，要先訴說，才能講到歷史，我們才有理解對方的可能性，才有可能對話，我們才有真正的溝通跟民主。回到最古典的民主的定義，就是論辯跟討論。不去做實際的公共參與，只有投票，那我們對民主的想像真是太貧乏了。」

回到個人的位置上，可以做的會是什麼?他秒答：「不要隨便unfriend別人！」最簡單的方法就是不去排斥，聽多元的意見，聽不一樣的意見。在一個訴說不是太困難的年代，他認為問題應該回歸核心，去思考民主的目的，言論自由的目的，也必須多想想，是不是有很多人沒有享受到跟你一樣的言論自由？一個問題接著一個問題，一步步去釐清，接下來，才有可能達到真正的言論自由。

出版

莊瑞琳：出版與言論自由，有賴文化的深耕

吳致良

出版事業在一個國家當中，往往扮演文化的中流砥柱，不像Facebook動態訊息或新興傳媒的故事文章其高時效性，一本好書，往往可以被討論三年、五年，甚至是十幾年。一本好書參與了一個國家如何想像它自己；編輯一本書，同時也在編輯一個民族，一個國家，決定它們如何被看見。出版一本書，實際上是在替這個社會決定：什麼事情該被遺忘，什麼事情該被記憶。

二〇一五年十月至十二月三十日，香港銅鑼灣書店的總經理、股東、業務經理與店長呂波、桂民海、張志平、林榮基與李波等五人，突然「失蹤」，一般認為與他們出版與販售敏感議題的書籍有關係。此事引發台、港、中三地文化圈的激烈反彈。衛城出版社的總編輯莊瑞琳，當時在接受訪問提到：「過去台灣經歷了三十八年的戒嚴時期，其實有非常類似的情況，政府利用看似合於法律架構，對於意見不同的人進行整肅……台灣現在擁有出版任何書籍，都不需受到檢查的自由，其實很不容易，也是很需要被珍惜的！」

一九八七年解嚴，台灣的出版與言論自由取得重大進步，書籍呈現空前的豐富與多元。然而，香港現代化的時間比台灣更早，也比台灣累積了更多年的出版文化與言論自由，卻在幾年間快速倒退，越發緊縮。提醒我們文化與人權的累積，並不會單純因時間的累積而漸趨成熟，反而可能逐漸被破壞或消耗殆盡。

出版人與書店店員被抓，是一個警鐘，告知我們知識做為一種文化力量，至今仍被畏懼，卻也仍受到官僚體系的控制。然而台灣解嚴後獲得的出版與言論自由，近三十年來卻逐步浮現挑戰，也凸顯台灣閱讀市場的體質。閱讀做為一種文化實踐，無論生產媒介與模式，都有多元的發展，「書籍」曾被認為是最重要的一環，如今，影響力大不如前。

在戒嚴時期，對於出版的掌控來自政治力；現在，商業市場則成為主導出版的風向。「我們文化深度不夠，所以跟商業的拉鋸之下，文化很容易被稀釋，導致無法深耕。」莊瑞琳提到，她認為台灣目前出版業的危機，來自於文化力的不足，所以書店沒落、討論閱讀的媒體與平台消失。戒嚴時期，《美麗島》雜誌以及相關的左翼書籍，曾經扮演台灣社會民主意識培養、政權監督、西方文史哲學輸入等的文化守夜人的角色。如今，在商業的壓力下，書籍成為一種商品，文化樣貌模糊。

莊瑞琳認為過去二十年間，有好的東西出現，也有不好的東西出現，誠品將閱讀與品味連結在一起，有帶動閱讀的正向效果。但後來卻傾向以文創商品為主，使讀者被視為「消費者」，而不是一位真正的「讀者」。誠品與博客來網路書店快速向商業靠攏，走向資本極大化，在台灣稱霸後，繼續前進香港、上海，尋求更大的資本集中，但文化的累積卻是停滯的。「我認為，必須重新檢視書籍與讀者、書籍與編輯，和出版社與社會之間的關係，以及書如何被生產與銷售等等的問題。」莊瑞琳說。

#重新建立書與讀者的關係

目前無論大型書店或是網路書店，都依靠「折扣」來吸引讀者，無論是新書七九折，或單日六六折。但讀者與書市如果沒有意見的交換，只剩下銷售的交流，那書籍做為文化產品，將失去它的定位，容易被其他產品取代。「我們的文化只發展到一半！」她說，過去的誠品是很有自信的，憑著他們的選書品味，可以影響讀者的購買喜好，所以年度銷售冠軍曾經是楊牧所翻譯的《葉慈詩選》，但今天誠品與博客來的暢銷排行榜是高度重疊的，讀者也成為一個面目模糊的大眾市場。

「我們不能仰賴暢銷書來證明台灣的市場有多大，倚靠指標性的書籍來證明銷售數字。閱讀是一個常態性行為，我們更必須去思考，當沒有書展，沒有折扣，沒有流行現象出現時，台灣的閱讀還剩下什麼？」她問。借鏡國外的連鎖書店，許多並不公告具體的銷售排行榜；在社區書店，店員會親筆具名地在書封貼上推薦的字條。亞馬遜網站的書評文化也值得參考，無論是否暢銷，每本書都會有豐富的書評，已成為讀者意見累積的平台。她自己則是經常辦新書巡迴座談會，用最笨的方式，讓出版社與作者近距離接觸讀者。

#不應陷入折扣戰

台灣與日本的出版社規模有所不同，日本的大型出版集團，通常資本額比通路還大，所以彼此可以相互制衡；而台灣的最大出版社的資本，比大型通路（如誠品、博客來）還小，所以每年都在角力折讓與回饋金。莊瑞琳算一算，一本書最後的營收，出版社只能回收百分之五十不到，而作者、編輯與設計師的稿酬與薪資，都由出版社支出，但大部分利潤卻是掌握在通路手上。長此以往，一本書如果要經過長時間的撰寫、編輯與製作，成本上將面臨嚴峻的考驗，使得出版社的經營模式藉由大量的出版品，換取更多的現金流，然而其中需要耐心的、彌足珍貴的文化累積，很容易遭到犧牲。「我們給出版業，非常非常少的耐心。」莊瑞琳感嘆。

「台灣出版自由陣線」曾經在二〇一四年拋出了「統一圖書批價制」與「統一圖書定價銷售制」兩個公共議題。希望大小通路有相同的批價，網路與實體書店有同樣的定價，立基在同樣的起跑點，避免大型企業掌握絕對優勢，壓縮到小型出版社與獨立書店的生存空間，有助於健全書籍出版以及販售的多元型態。「我自己認為『產業自律』也是很珍貴的價值，如果凡事必須倚靠政府強迫執行，但程序並不民主，也不是一件好事情。」她不認為目前的販書模式是牢不可破的，「如果是一本大眾的書，可能需要用折扣來製造吸引力；但是有些書，讀者對它的需求，是因為關心這個議題，他不會因為折扣少而不買。我們是不是應該開始在書上面做出區隔？」

二〇一五年，衛城出版了胡慕情的《黏土：灣寶，一段人與土地的簡史》，其內容是土地與農民生存的問題，莊瑞琳認為：「如果我們屈服於既有的遊戲規則，這與書的內在精神是不一致的。」於是，她決定挑戰市場規則，耐心地向網路書店以及其他實體書店溝通，不願這本書一上市就貼上七九折標籤。後來，以低折扣著名的中型連鎖書店，也認同這個理念，甚至主動在收銀台旁加上文宣解釋九折的原因。這個模式，讓出版社與書店的營利都有所增加。更可以觀察讀者對這個折扣的接受情況，出版社與書店對於不打折會因此有所依據，不會盲目地擔心取消折扣後導致的銷售低迷，唯有如此，出版社也才更多的能力，裁製更細緻與深刻的書籍，避免它成為快速消耗的商品。

#編輯的技藝

編輯的角色，是讓一本書的價值確定，不淹沒在茫茫書海當中。「我經常問自己——為什麼要幫這位作者出書？這本書的重要性是什麼？它在我的書系之中，占有怎樣的角色？而不是問一本書在一年內能不能賣到兩千本或五千本，今天當我問一本書的重要性，我就會花很多時間呈現它的重要性，我很在意一本書的生命長度，它值不值得被討論三年或五年。」她說。二〇一三年，衛城出版了鐘聖雄與許震唐的攝影集《南風》，此書以照片見證彰化縣大城鄉台西村因南風而來的六輕廢煙，造成村民健康亮起紅燈，並指出偏鄉的生存困境：城鄉差距、人口老化、隔代教養等等問題。

做這本書以前，莊瑞琳問自己：「這是兩位大家沒聽過的作者，更是無人聞問的村落，我也沒有做過攝影書，紙的成本很高，印刷必須全彩，以我這樣的品牌，可以去支持這兩位攝影家嗎？」於是她翻遍台灣九〇年代的紀實攝影集，發現台灣一直有這樣的書市，像何經泰的《都市底層》。但大多為名家之作，「所以我們必須更誠懇地面對台西村的問題，而不是彰顯兩位攝影師的拍照技術。我們不是行銷照片，而是滾動照片背後的議題，那也是我擅長的。我知道打動我的是什麼，也相信可以吸引到一些讀者，於是我就做了。」

這類型的書原本以為很難得到大型書店的支持，但過程卻出乎意料地順利，「記得我到誠品敦南店會報時，店長看到我在攝影展所製作的卡片，非常感同身受，當下決定將整間店最重要的位置——我們稱為『龍穴』的地方，留給《南風》。這是我來自書店的第一個支持。那一刻，我突然覺得，我不需要追求一千個一萬個人支持，我只要確定，有一些人，他們當下有被打動，就值得繼續做下去。」

《南風》後來成為討論工業汙染與農村議題的重要支點，不但在全台許多地方進行展覽，台西村也開始受到許多媒體的關注，迫使相關單位必須做出回應。「一個產品，考驗我們對台灣社會的了解有多少。如果不思考這些事情，而是在意市場的接受度，那會被市場帶著走，無法殺出一條自己的路，我想任何做出版的人，都應該是這樣追求的吧。」她說。

一百年的出版社

莊瑞琳指出，台灣書市多年來只看重單書，而不重視書系，所以單書過度膨脹，但書與讀者的關係是很虛幻的，讀者可能隨時變心，「如果我們從一兩個產品做起，跟讀者建立信任關係，藉由書系建構一個精神世界，一旦讀者進入之後，出版社可以藉此與讀者的對話。」以衛城的出版品為例，主要深耕台灣社會目前的諸多轉型議題，土地、轉型正義與不平等問題皆是當中的重要路線，不同書籍間存在著有機的思考與互動。

在國外旅行時，莊瑞琳常常思考：「為什麼人家有百年的出版社？」如果台灣現在的出版社，經營到第一百年時，他們會有各自不同的樣貌嗎？志文出版社曾經在台灣扮演西洋文學與哲學的重要譯介，時報文化的「大師名作坊」、「歷史與現場」也都曾發揮深刻的社會影響力。然而，莊瑞琳觀察到現在的出版人對於市場太過焦慮，所以無法珍惜已有的文化積累，反而一直徒勞無功地重建。這說明文化的傳承是有問題的。

「以前在大出版社工作時，我經常在舊資料堆中，翻閱過去的合約，想知道每一代的編輯，他們簽了什麼書，這就是傳承。」她說，「解嚴到現在，大約已經有兩代人了，身為出版社，我們是否思考自己建立了什麼的價值，在社會大眾間流通？書系的史觀是相互呼應的嗎？是否具有一個想傳承的價值？如果是點狀式的發散，難怪讀者不認識出版社。」她說。若每個出版社，都深耕各自的關懷面，那在社會不同面向，我們才有機會看見真正有效的文化累積，台灣的出版才能走向真正的多元與自由。

教育

朱宥勳：教育正與時間賽跑

李屏瑤

一九八八年生的朱宥勳，網路別稱是「戰神」，敢言，擅評論，嗜讀小說，同時書寫及分析。他在二〇一三年與朋友創辦書評雜誌《祕密讀者》，出版有小說《暗影》、《誤遞》、《堊觀》，散文集《學校不敢教的小說》。後者的書腰文案引用傅柯的話：「透過教育，權力得以實施。」

#站在教育第一線

二〇一五年「課綱微調」爭議剛受矚目之時，朱宥勳還在成功嶺受訓，沒有關注的時間跟力氣。等到放假回來，這件事就炒大了，從沒什麼高中生知道，到成為全國話題。研究所念的是清大台文所，其實他的本科是歷史，此次課綱爭議的主軸恰好是歷史，讓他感觸更深。「我當初有考到教師執照，其實面臨人生抉擇時，想過要不要回去教書。」作為準備，他曾在私立學校實習過半年，教過高中生，另外還有大大小小對國高中生演講的接觸經驗。加上母親是小學老師的緣故，他也帶過小學生作文。擁有站立過教育現場第一線的優勢，也能夠拉開距離，以理性好好觀察。

「我自己念私立國中，實習的時候就選了私立學校。那是一間綜合高中，我教過高中部、也教過高職部，去了之後覺得沒有想像中可怕，大人們還比較可怕。」朱宥勳給出建議，「你一直覺得你的任務就是要介入所有的事的時候，你就會覺得頭很大，但你不去評斷，只是想要對方有一個好一點的生活，反而會比較順暢。只是一般公立高中的老師們，非不得已不會去私立學校。當大家說考不到老師的時候，其實是考不到公立高中，私立的非常缺人。」

他的教學方式靈活不受限，試教高中的時候，有一週上台灣的史前時代。因為那時代實在太無聊了，加上學校怕學生情緒起伏太大，不讓教師使用教室的投影機，為了教學順利，他只能提前在下課時間先畫黑板。當時他以「史前時代」為題，稍微寫出規則，把史前時代當作「部落養成遊戲」來玩。

假設全班是一個部落，一覺醒來被丟進蠻荒的地球，這堂歷史課，就是要學習讓部落活下去。部落的手上僅有粗糙的斧頭，中間給出挑戰，例如大家餓了怎麼辦？他提供三個選項，你可以捕魚、打獵、採水果。

「如果你選捕魚的話，我就會說抱歉，你的部落滅團了，因為你手上只有粗糙的斧頭。那如果你選打獵，我就會說，OK，你打到獵物，因為你斧頭太差，只有一點點獵物。最後大家決定從採集開始。」他笑說，「那我就請大家看看課本，是不是從採集開始。你會冷，開始要準備衣服，大家開始發現，要把骨頭磨成針，那需要派兩個人磨一輩子，其他人找來的食物還要養他。學生就能夠意識到，那根針有多珍貴！這時候再回去看到課本上有個玉，上面打了一個洞，你就知道那是三輩子！最後我告訴你，這過程叫『社會分工』，你永遠不會忘記。」

#懸空的國家認同

歷史課綱爭議演變到最激烈之時，抗議學生領袖林冠華自殺身亡。教育部重新檢討「一〇四課綱」，開放各校自由選書，教育部長吳思華提出新舊並行制，實務上而言，便是兩種版本都要教。朱宥勳坦言，這對老師來說很崩潰。「其實後來的歷史課綱對國家認同是擱置的，沒有中國認同、也沒有台灣認同，是懸空的。它也的確未決。」他說，「以文科狀況來說，我覺得最恐怖的是，考試並未領導教學，考試表現得遠比教學進步，國文跟歷史都是一樣。歷史已經大量在考史料判斷，國文已經在考語言知識的運用，標準已經訂得很清晰了。」

#均質與特色化

課綱爭議之外，他認為根本的問題在於，台灣的考試並未領導教育，導致手段跟目的脫節。相較以往，考試方向已經大幅進步，但是前端的教學沒有跟上。如果最終目的是成績，那改起來簡單多了，只要改大考中心就好。照理說把考試方向改得進步一點，教學單位為了成績，就會進步，至少知道抓哪條線會動，但事與願違。「有時候我講教育議題講到生氣，想說是不是乾脆要採用獨裁的手段。因為他們沒有真正的意見，只是不想改變現狀，那讓這件事變成現狀你也會擁護。」他指出，那些最傳統、所謂最重視成績的老師，理想學生還是以前聯考年代的學生，逼學生一個字一個字背誦，不要求理解分析，然後他們每年都會問為什麼考差。他分析：「整體來說，我覺得台灣教育最高層的主事者，他們知道大方向怎麼做才對。但執行起來的時候，敢抵抗壓力的人太少了，就會出現很奇怪的折衷版本。」

這點也表現在「十二年國教」上，十二年國教追求兩個目標，取消考試與就近入學。目標遠大，但國高中階段是無止盡的跨欄賽，重點總是放在下一次段考，改革沒辦法進入實際執行的層級，十二年國教的方案被打折，徒留會考。眾人批評十二年國教不好，正因為它是個折衷的版本。「不好的話要退回去還是往前走，大家支持退回去，但可能往前走才是對的。」朱宥勳解釋，「考試制度其實沒那麼重要，真正的問題大家都沒發現。剛剛上述兩點的前提是，每個學校都是均質的，不均質，那就特色化、差異化。例如鶯歌高職現在就有陶瓷科，會把全台灣想做陶瓷的人拉過來。」

#教育正與時間賽跑

朱宥勳後來思考，台灣或是華人的歷史上，真的成功把教育轉型的改革究竟有幾次？並不以變好為標準，只談轉型。第一次當然是一九八五年，從清朝變成日本；第二次則是日本變成國民政府時代，這兩次都是政治變局。而第三次勉強接近的，是現在還沒做完的九〇年代教改。

「氛圍的改變可能不是一個時代的問題，好像在一個不同質的溶液裡擴散一樣。擴散速度在教育圈比其他圈子慢很多，為什麼這麼慢？我發現在教育圈，人們投注愈多期望，就愈不希望改變遊戲規則，不希望模式被改變，即使新的規則對你有利。下一次變局，可能是發現生產出來的人跟產業完全銜接不上，或者是經濟蕭條，已經被重創之後才開始反省。」朱宥勳補充，「與我國中比起來，整體是往進步的方向走，就是跟時間賽跑。」

最難也最簡單的，始終是人的問題。見識過眾多荒謬奇特的場景，他開玩笑說，他想出一個讓教育高速進步的方式，就是把現在的老師們就地解散，重新考教甄，考得進來再進來。連現行教甄標準都不用修改，因為那些資深老師自己過不了。那如果無法解散呢？如果他所期待的談話的機會到來，可以對現下台灣的老師們說話，他會說什麼？朱宥勳沉默了幾秒，一字一句慎重地說：「幾乎所有糟糕的老師都有一個特點，就是都在懷念往日榮光，那是不正常的。我希望老師們可以認清，自己在做一個不高大也不卑微的職業，如此而已。」

居住

黃益中：居住是人權，人人有屋住

果明珠

#努力工作卻買不起一個家？

二〇一四年十月四日黃益中所屬的「台灣居住正義協會」結合一〇一個公民團體，重啟二十五年前的「無殼蝸牛運動」。他們稱自己為「巢運」※，帶領民眾走上街頭，占領全台最貴路段，搭起帳篷向現況怒吼。占領是運動的表象，而背後他們要傳達的是經多方統整而成的理念與可行辦法，並將其簡化為五大項目：一、居住人權入憲，終結強迫拆遷。二、改革房產稅制，杜絕投機炒作。三、檢討公地法令，停建合宜住宅。四、廣建社宅達百分之五，成立住宅法人。五、擴大租屋市場，制定租賃專法。

除了「巢運」發起人身分外，黃益中亦是台灣居住正義協會理事長、「公民教師行動聯盟」發言人、同志平權運動者。運動痕跡遍及性別正義、居住正義、土地正義、教育與程序正義。同時他也是一位高中公民老師，在運動以前過著平淡的教師生活。四年前三十二歲的他，薪水加上稿費月入已達八萬，存款達量想買間房準備成家的他，卻突然發現自已買不起房子。一個畢業後認真工作了七、八年，不過分追求物質享受的高中老師，竟然買不起一間可以安身立命的台北公寓。他困惑了、憤怒了，而這

※「巢運：無殼蝸牛全面進化」為二〇一四年發起的台灣社會運動，以高房價為主要抗爭議題。由台灣居住正義協會、社會住宅推動聯盟、專業者都市改革組織（OURs）、崔媽媽基金會等十九個民間團體作為主要發起，召集一百〇一個公民團體參與。二〇一四年八月二十六日無殼蝸牛運動二十五週年當日，宣布啟動相關活動，並十月四日在台北市仁愛路三段（宏盛帝寶所在地）舉辦「夜宿仁愛路」活動。

整個世代也都正跟著他一起困惑憤怒：為什麼我們努力工作卻買不起一個家？

於是黃益中開始投書到報紙媒體，也寫信給總統府、執政的國民黨黨主席信箱。但所謂的傾聽民意只是回了他一封又一封近似古文的公文，感謝他的來信。「過幾次之後就知道沒用了。所以開始改用團體的形式。先找朋友，當時也因為寫多了、整天講會形塑一個氛圍。於是朋友們便一起去登記了一個協會。」黃益中說。協會的確造成改變，但是「力量也不大，儘管公家單位會發函給你去開會，可是意見收不收仍然是他們的事情」。黃益中這才發現要讓政府看見現實，面對真相，需要做得更多。

土地正義跟居住正義

要談居住得先從土地開始，也就是巢運改革訴求的第一點：反強迫拆遷，而這同時也涉及到二〇一〇年「大埔事件」的人權問題。大埔事件從二〇〇九年開始徵收、二〇一〇年農民北上抗議陳情迄今，可分成兩個階段，第一是二十幾戶農民農地強制徵收爭議，第二階段則是二〇一三年大埔四戶位於交通用地強制拆除之爭議，其中亦包含張藥房強拆及張森文先生自殺事件。黃益中認為簡單來說，政府在大埔事件中表現出的就是「惡劣」，如同高等法院判決裡面寫道的：「這沒有公益性，也沒有必要性。」那為什麼要做這件事？「如果現在去看張藥房旁邊那一塊地，都蓋起了新的房子」，新房子就是理由。「在這事件裡，政府的角色是以科學園區名義進行區段徵收，所以高等法院判決才會說沒有公益性。徵收老農的地，再標售給建商，讓建商去蓋所謂的『住宅』。誰得利？誰知道最早該去那裡買地？誰又知道那裡會蓋科學園區？這就涉及到了很多政治利益問題。」黃益中這麼說。

土地正義跟居住正義的關係其實也就在這裡，為什麼要更多蓋房子？黃益中認為：「就是因為拆遷舊房子，蓋新房子有利可圖。不景氣，房價很差的話，怎麼會想到要去圈地徵收？根源就是房價。退回十五年前這些所謂的迫遷議題根本不存在。就是因為高房價才會有做這種事的空間。」大埔從迫遷到強拆歷經四年以上時間，期間爭議沒有斷過，政府難道都沒有反應，不需要有所檢討、咎責嗎？黃益中說：「政府當時給的回應是：『我們依法處理，也開過公聽會了。』但公聽會其實是沒有法律效力的，所以公民團體才會要求要開聽證會。唯有聽證會才有法律效力，以類似法庭的形式讓正反方表述，並擁有更嚴謹的法律程序，不同於公聽會就只是聽聽而已。可是這些政府官員知法玩法，玩弄法律的術語，讓外面搞不清楚以為政府都做了，一切按照程序走。」玩弄程序的結果是張老闆的生命殞落，無數的人失去他們賴以維生的農地與家園。

#改革房產稅制，杜絕投機炒作

正義總是來得太遲，因此「巢運」不停下腳步，積極趁太陽花學運社會氛圍與接下來的選舉氣氛拜會財政部長張盛和與各個單位，「發函給各黨主席、拜訪立法院各黨團，試著跟當局及未來的執政者溝通，除了不願意見面的國民黨，各大黨團都見了。」因為「有了運動造成的民意騷動，形塑了輿論的壓力」。在雙重努力下，二〇一五年「房地合一稅」在國會快速三讀通過，二〇一六年上路。對於這個重大改變，黃益中說：「其實兩黨內部都有立委不想通過，但是因為有民意作基礎，街頭運動加輿論加民進黨主席蔡英文的強硬，讓黨內立委接受，種種情況才生出一個法案，而這個法案對未來的房價影響很大。」二〇一五年房市交易量萎縮至二十五萬到二十六萬件，創下十四年來最低紀錄。囤房以房養房，這些十年來的投資習慣，因為巢運努力的「改革房產稅制，杜絕投機炒作」開始產生改變。

至於巢運所提的社會住宅，黃益中表示：「崔媽媽基金會、專業者都市改革組織推動耕耘了二十多年了，但政府仍舊做得很含糊。直到二〇一〇年『社會住宅推動聯盟』成立，還有巢運，才有了現在柯文哲承諾四年要蓋兩萬戶、蔡英文八年要蓋二十萬戶的政見。」很明顯不論民眾與政府，大家都知道社會住宅的必要性了，那會不會成功，黃益中說：「就看政府的執行力了。」

但若接下來政府仍舊沒有執行呢？黃益中也說這就是運動的力量了，「經濟學家朱敬一曾講過稅制就是一場社會運動，要外面的輿論夠大聲，內部的國會議員才會運作。外部不夠大聲裡面是不會改變的。」因此運動要持續維持，「開記者會製造輿論，或是直接去街頭抗議運動還是必要的。」

但當然理想上，黃益中仍認為「未來運動的規模會縮小」，運動規模大表示民怨高、不回應民意。但現在蔡英文上台了，理想上現況應有所改變。儘管如此，黃益中也提醒，「適度的運動是必要的，社會運動就是製造輿論。」

#老師的工作也就是教育本身

走過這麼多，但黃益中不曾帶學生上過街頭，因為他說：「一個老師的身分如果帶學生上街頭，不就變成陪你上街頭是對的，不陪你就是反方嗎？」老師是可以打分數的人，黃益中非常清楚自己的權力位置，因為清楚了解，所以在課堂上，他教育學生「要建構一個成熟的公民運動，是在課堂上要知道正反方的意見，不管是什麼議題都一樣」。例如巢運他不只說明巢運立場，同時他也向學生說明另一方的意見：為什麼他們會認為房地產是國家經濟的火車頭，他們的計算標準是如何結合了營造業的捷運橋樑工程，而巢運的計算方式又是如何排除這些以及中古屋交易所得。「當花多少時間討論正方，就應該花多少時間討論反方。」這是黃益中教學的中立原則。同樣的，對於自己不認同的理念，黃益中也總是花更多的時間去研究，因為了解所以才能討論，因為擁有知識也才能批判思考。

了解的必要，也是黃益中看待轉型正義的重點。「常說歷史可以原諒不能遺忘，那我要原諒什麼？

總是要找個人讓我原諒吧。」要談轉型正義，首要就是真相要浮現。「這不只是本省人的真相，事實上外省人當時也很多受害者，那時也有本省人打外省人，這個也要揪出來。不能只幻化為本省外省問題。只要在當時受害的都應該要知道。」二二八跟白色恐怖被切成兩件事情，黃益中認為是不正確的，「沒有二二八就沒有白色恐怖。」同時他也認為這是為什麼要反課綱微調原因之一。在一〇四課綱中兩者是切開的，「因為對現在國民黨政府而言二二八已經無法逃避，但白色恐怖仍是目前他們不願意承擔的。」要求國民黨面對這個問題，也「不是要仇恨，而是要做過的每一件事情應該被檢視」。對此他舉波蘭總統，也是民族英雄華勒沙為例，今年二月波蘭國家紀念研究所（ＩＰＮ）透過新發現的文件表示，華勒沙曾是為共產黨效力的特務。「這不是說要譴責華勒沙，在當時的時空背景下，我們也要去想像他的處境。如果是你，你會不會做？不做可能就要死。但就算如此，也應該至少要讓我們知道這個事實。同樣的，如果現在華勒沙跟民眾道歉，尋求民眾的諒解。我相信民眾也會諒解的。」

「反國民黨，不是反國民黨。」黃益中說，反對的是國民黨的價值：威權式的、由上而下的、服從的、家父長式的，這種是黃益中反對的。「這不是藍綠，也不是統獨，是威權跟自由民主的對抗、價值跟價值的對抗。我相信鄭南榕在世也會做跟我們一樣的事情。」

身為一位社會運動者與教育工作者，黃益中最理想的正義是融合聯合國人權兩公約：「公民權利和政治權利國際公約」和「經濟、社會及文化權利國際公約」，「讓最弱勢的人得到最充分的照顧。」而要達到這點他認為需要的就是教育，「社會運動是將比較進步的思想，透過運動的方式傳達給全民知道，讓民眾了解，全民受教育。」而老師的工作也就是教育本身。「人人有屋住，人人租得起、買得起、換得起」（i Rent, i Buy, i Change）是台灣居住正義協會的口號，亦是黃益中希望教育給所有人的人權理念。

勞動

黃怡翎：社會必須認識勞工的處境與價值

吳致良

#真的有選擇的可能嗎？

一般認為，「自由」是人出生就享有的權力，是社會進步的指標，它賦予人更多自我選擇的可能。

「和許多弱勢的勞工接觸的過程中，我發現自由選擇的說詞經常是虛假的，勞工可以選擇自由更換工作，可以選擇要不要加班，但勞工真的有『選擇』嗎？」「台灣職業安全健康連線」的執行長黃怡翎女士說，她質疑「自由」經常成為政府與資方迴避責任的遁辭，而將制度的失能究責於單一的勞工身上。

二〇一五年黃怡翎與高有智一起寫了《過勞之島：台灣職業勞動實錄與對策》，為台灣勞工的「過勞現象」找到了一個很重要的討論基點，用一個又一個的案例，指出各行各業的勞動問題。她提到：「在看似自由的勞動市場中，卻有一條看不見的鎖鏈，緊緊捆綁勞工。越底層的勞工，越缺乏流動的自由度。」

「總要有人看見『處境』的問題。」她說。二〇一〇年的一位工程師之死，使她從國會助理到目前NGO工作者都一直關注勞工議題。那是南亞工程師徐紹斌過勞死的案件。當時立法院被幾個辦公室都視它為沒有轉圜餘地的死案，而轉介到她當時任職的黃淑英立委辦公室。「我的工作，通常是在一個人死了之後，才開始了解他的。」她調查了徐紹斌每個月的加班時數，竟高達九十九至一百三十九小時，也就是除了毫無休假之外，每日還加班三到五小時，但最後，卻換來公司代表回應：「同樣都在加班，別人都不會死，就你家的孩子會死。」

當時的過勞死認定是相當嚴苛的，他們找了好幾位自己信任的醫師，卻都被告知心因性猝死很難判斷是因過勞所致，制度的不友善加上醫理判斷的困難，讓這場戰役很面臨嚴峻的考驗。他們甚至發現，在送交醫生判斷的案件資料中，理應附加的幾份有利文件，如加班時數表、無塵室刷卡紀錄、勞檢所裁定違法的公文等等，疑似意外地「消失」了。

他們決定召開記者會，請勞委會（即現在的勞動部）正視職場過勞現象，並重新檢討過於嚴苛的認定標準，同時討論「責任制」對於勞工權益的損害。此案經媒體報導，使勞委會在輿論壓力下，放寬了認定標準，徐紹斌成為修改標準後，台灣第一例因長期疲勞導致心因性休克過勞死認定的個案。

「總有人會說這些人可以選擇不要加班啊，但當我們在思考這個人有所選擇的時候，我們正在忽略他的處境。」她說。另一個例子，則是保全員阿忠（化名），他原本一天工作十二小時，全年無休，也無加班費，每月只有兩萬四千元的薪水。在一位同事離職後，公司希望阿忠暫時頂替，能領兩份薪水，對他來說是很大吸引力。雖然晚上可休息，每兩小時巡邏一次，但他無休工作超過四十三天，每天二十四小時，他的一句話讓黃怡翎很難忘記：「難道我們想要多賺錢，就只能用性命去換？」

#政府有責任提供合法的企業環境

在談論自由的時候，很多人會提到應該降低國家的的介入，而黃怡翎則認為，政府有責任提供一個合法的企業環境，讓勞工工作，這是最低的要求了。雖然法律對於勞動條件都有基本的規定，「面對企業違法，我相信是任何一個人都有過的生命經驗，今天你半夜去竹科，我就不信抓不到任何違法的勞動！」政府的態度過於消極，只要求書面報告，導致真正的問題沒有被拿出來討論。

「每一個產業都有不同的勞動問題，不能用單一標準去看。」這也是她為何在書中一一羅列保全員，高科技工程師、醫療從業人員、媒體業、運輸業不同行業別的原因。現行的制度，還無法讓勞工有一個自由的工作環境，甚至基礎的勞動條件都十分惡劣※。

※《過勞之島》第十三章中，黃怡翎指出在政策面迫切需要處理的問題有：降低法定工時、加強勞動檢查、廢除《勞基法》第八十四之一條、定期檢討過勞認定的標準與程序、健全現行職災保險補償制度、對高風險族群建立健康管理機制。

勞動權益意識需要加強

勞工的處境問題，也並非只等待國家公權力的介入。但目前，台灣勞工成立工會的難度很高，民營企業工會容易遭到資方以解雇威脅或分化，職業工會有如勞健保辦事處，產業工會過於零碎，而公營事業工會過於封閉，總工會聯合組織則政治介入太深※。「以美國的工會型態為例，像是鋼鐵工會，包括所有的汽車廠商通通在內，它是一個外部工會，會員數可能高達上千萬人，不是直接受顧於特定企業，所以更有資源去跟資方談判。台灣的工會太常長在特定企業之下，很容易遭到威脅，或者是資方可以另組別的工會，相互抗衡。」台灣工會體制的進步，還有待改善。

「自己的權益自己爭取，這件事情常常不被認為是應該的。我們碰到很多要求職災保障的人，往往遭到汙名化，他們非常害怕被雇主或同事說他們就是愛錢，可是這是權益意識不足的問題。而國家對於勞動權益的教育也非常忽視！」她說，不過這幾年，已經看到越來越多年輕人，比較敢為自己的權益發聲。

「尊嚴勞動」的工作環境

資方應該提供一個「尊嚴勞動」（Decent Work）※的工作環境現場。這並不只是下午茶時間放放輕音樂而已，台灣有很多餐飲業，要求員工去個人尊嚴地為客人服務，職場本身沒有回歸到它是「人」與「人」的互動，所以常常有職場霸凌，或是服務業遭到羞辱。人的產能被數字化，大量重複性的工作，但精神層面的勞動沒有被重視，人很容易沒有自我成就感，沒有尊嚴，所以勞工很容易感到疲勞，但這又不像被割傷了，可以直接被看見。

公司寧願花加班費，也不願意讓勞工去休特休假，因為勞工的正常的生活並不被認為是重要的，勞工身心健康被忽略。但是事實上，這跟效率不見得成正比，讓一位員工能有充足的休息，人的豐富度才

※相關議題請參考《搞工會：工會正義與不當勞動行為裁決機制》台灣勞工陣線協會。

※此概念於一九九九年國際勞工局局長 Juan Somavia所提出，希望勞工能在一個自由、平等、安全與尊嚴勞動條件下工作，並享有足夠酬勞，權益受保障，具備良好的就業與轉職環境，並獲得社會安全的保護。

會出來。

借鏡日本，他們對於工作的想像是很多元的，不同職業的達人有不同的專業，工作很有尊嚴感。但在台灣彷彿只有「老闆」這個工作才是有尊嚴的，當我們在稱讚特定的工作時，所使用的語言是「月收入高達X萬」，而非關注工作本身的「價值」。這也是台灣非專業性的勞工越來越多的原因，工作被量化或金錢化，核心專業的提升卻不受重視，而勞工不斷追求績效、產能與薪水，卻始終得不到成就感。如果沒有合理的「尊嚴勞動」環境，也缺乏合理公平的經濟分配方式，會形成雙重剝削，無論身心都無法健康。

#人的價值需要被看見

「過勞的議題對我來說，是一個很重要的轉折，我看到這些人，都是不計代價努力工作的人，他們幾乎是完全沒有自我地為工作付出，他們可能已經死亡，而活著的家屬只是希望換得一個合理的『評價』，例如『謝謝你一直為公司付出！』或者『我對不起你，他真的為公司付出很多』，他只是需要被『看見』，但往往卻換來公司的不理不睬，或者是『你有病，你怎麼不說？』『做不來怎麼不說，大家都是成年人了』這些傷害對家屬其實是更大的。走的人就是走了，但他們的家屬需要去相信，自己的孩子或丈夫，其實是一個很好的人！他們甚至也不是需要多少補償，但他們需要的是被看見、被評價。當一個人因工離世，他的家人有權力去知道真相，不是因為他們的家人不夠好，而是因為過勞，這是一個正義的問題。」她說。而絕大多數職災的人，都是被指責，例如自己身體不好，或是不懂得求救。而這其中的結構問題非常複雜，也包括一個人的生命價值如何被看待與思考。

在不同的職場，黃怡翎認為都必須提升勞動尊嚴的工作環境，建立工作價值的多元與豐富度，也不能因為職災風險高薪水就高，它所承受的傷害不應該無法復原。勞工的健康權必須被放在第一位。

移工

張正：移工尚未取得人權正義

果明珠

根據勞動部統計，二〇一六年一月在台產業外勞人數約為三十六萬四千人，社福外勞人數約二十二萬六千人，合計約五十九萬人；內政部移民署亦統計，累計至今年一月底在台行蹤不明的外籍勞工人數為五萬九百三十六人，收容所則有三百二十八人。外籍配偶含港澳大陸地區，約為五十一萬人。合計在台外籍人士勞工及配偶上看百萬人。

兩千三百四十八萬人中有一百多萬人為外籍人士，這個比例高嗎？二十三分之一。也許還不夠高，因為外籍勞工被施暴、強制遣送、失去休假機會與權利的新聞仍層出不窮，人數節節攀升。「站在人權正義立場，我覺得沒有人會不同意應該要讓外勞休假，但在許多實際狀況裡，九成的人都選擇跳過這個問題，對一般沒有請外勞的家庭就更好像不關你的事了。」在談到日前外籍家庭看護工自殺事件時，張正這麼說道。

張正，前《四方報》副總編輯、現為台灣綜合台「唱四方」節目製作人，「燦爛時光：東南亞主題書店」負責人，亦同時為「移民工文學獎」、文化部「翡翠計畫」（東南亞作家文化交流）發起人的他，多年來用各種媒體為移工及外籍人士發聲，建立他們與台灣人彼此溝通的平台。

#休假權從未落實

問起張正這幾年來外籍勞工在台灣的勞動權力變化，他說：「每兩年一次移工大遊行從我有記憶以來就一直都在談休假權，但始終沒有改變，蔡英文會不會改我也很懷疑。」七天至少應休一次權利，是法律上所規定，但法律亦述若勞工與雇主達成協議便不具強制性。這就表示：「對家庭看護的雇主來說，可以讓他加班。加班一天大概五百多塊，其實我就給你五百多塊好了，金額不高不構成壓力。而以居家照顧員來說，雇主是拜託抑或是強迫，其實很難拿捏。」究竟是強迫還是自願，彷彿成了家裡不能說的祕密。

張正也說根據他的了解，「其實勞動部統計全國外籍看護工一半以上的人是全年無休。」而這還只是抽樣，「外面我們會碰到的外籍看護工，大概都是一個月休一次的。真正兩年都沒休假的，其實我們根本看不到。」來台數年日以繼夜從事照顧工作的勞動者，可能遠遠超過六七萬人。「這不是很立即的危害，因此一直都沒有改善，直到累積到一定情緒，碰上一個點就崩潰了，可能跳樓，或是發瘋就發生了。」「你不讓他休假，就是在等這種人倫悲劇發生。例如當年伊甸基金會的劉俠女士。」劉俠的外籍看護因為精神失常誤以為發生地震將她推到，導致其傷重不治過世。「這是一顆定時炸彈，而炸彈是台灣人自己裝上去。」張正說。

#增設不適任的轉職機制

多年來雇主如欲聘請外籍看護，可以尋找職訓局或是仲介，但不論哪一種都不能夠事先認識欲聘僱的勞工。近年雖有所改善可以透過視訊先行見面，但人跟人之間合不合豈是視訊兩眼就可以判斷，何況這個是位即將住在你家裡數年的夥伴。張正說：「所以，我還是會期待我們跟香港學一下，香港的外籍勞工是進來再自己找工作，而我們則是有工作才能來。因為他們是到當地再找，所以雇主跟外勞可以面對面談。」

外籍勞工因為來台法律上便先有的歧視，使得他們的求職到生活不曾容易。目前經過台灣國際勞工協會、家庭互助協會、南洋姐妹會、天主教嘉祿國際移民組織等等團體與個人的努力，好不容易才使他們的權益進步到適用《勞基法》，在例如轉化雇主、換職業等權力有了轉圜的空間，「至少可以變，最早是我來照顧你，你死了我就沒工作還得被迫回國，但後來慢慢可以換雇主、換工作了。」張正說。

可是法規進步了，台灣人的思想跟觀念卻仍舊停滯，在機場發生的遣送衝突依舊不斷發生。「很多雇主因為覺得外勞不適合，便直接聯絡了仲介要他送走。不跟外勞本人溝通，仲介也不跟外勞講。明天就要送你走，今天晚上才來到家裡，半夜兩三點，突然叫你打包收行李，連拖帶拉到機場就送走了。」儘管法律規定外勞不適用於該工作，也應有權利取得原雇主同意後「轉換雇主」或是「自願解約離境」，而機場現在亦設有「勞動部外籍勞工關懷櫃檯」，但這個櫃檯是「發包給中小企業協會，雖然也許不會偏頗，但想像中就是有可能」。強制遣送仍是常態，沒有隨法規而改變。事實上也發生過「桃園群眾服務協會」祕書呂衍坡在攔截外勞被強迫遣送過程中，被仲介唆使的計程車司機暴力相向，被航警壓制在地的事件。

為什麼會不適任？又為什麼不能稍作溝通後再研擬轉職？張正說：「這不一定是外勞的錯，也通常不是外勞的錯。因為這樣送走的不知道多少人，可能上萬。就算法律規定有這項權益，但他們語言不通沒辦法爭辯自己的人權，也缺乏跨海打官司的能力。我們這邊把人送走就好像乾淨了，也不會有人查。但我想這會有報應吧。」「這部分的轉型正義還沒有被討論過。」如果說轉型正義目的要督促政府停止、調查、懲處、矯正、和預防未來對人權的侵犯。那在這裡的人權正義尚還太「黑暗」了。

#重新塑造移工形象

因為這些瞭解與參與，張正利用自己的所長，不同於援救外勞的團體，或是採用家父長式的金援照顧，他覺得「台灣人應該要認識這些人」。他先是投入《立報》於二〇〇六年成立的《四方報》，一待就是八年，將《四方報》做成了越南語報紙媒體的獨家，以五國語言（越南、菲律賓、印尼、泰文、柬埔寨）出版，讓不同語系的外籍勞工可以閱讀台灣在地新聞，投書表達意見，亦或尋求幫助。但漸漸地隨著時代變化他看到了社群媒體、臉書、LINE所造成的衝擊，《四方報》不再是唯一讀者可以在台灣取得資訊的管道，得走向其他發展，就如同他自己。二〇一三年張正離開了《四方報》，投入「移工文學獎」、「唱四方」、「燦爛時光：東南亞主題書店」。「唱四方」內容是透過節目錄製台灣各地外籍勞工唱歌的聲音影像，「目的是讓電視上面出現外勞外配，打破台灣中文節目與外語節目以英日為主的現況。兩年做下來也許產生的大改變沒有，但是這節目產生了媒體歷史上的位置。」而「移工文學獎」則是張正在《四方報》時就很想做的，「報紙和文學獎最大的差異是報紙是庶民的、文學獎是文青的。因為這個獎我們接觸到了外勞外配圈裡面的文青。」而辦獎的目的就是希望利用台灣人「一般對於文藝近而遠之的態度，塑造一個新的外勞外配文藝形象」。透過形象張正更希望：「儘管是老闆，但因為知道了這些人是文藝青年。我可能對你好一點。知道了你是一個有文化的人，也許會因此不敢再把你當做一個物件，一直指揮你做事。」

#建立語言友善環境

張正說最近學到印尼語裡「自由」與「獨立」是同一個字，不同語境裡不同使用方式，但仍是同一個字。他認為：「也許沒有百分百的自由，或百分百的獨立。不論是人，或是國家，都是必須跟別人、周圍的陽光空氣水發生關係。」因此，不可能在沒有他人的情況下，我們去討論自由的權力、獨立的自由。假裝這些外籍勞工、外籍配偶的不存在，不與其交流互動彼此認識，甚至違背自己的良心，在張正的想法中都是不可行的，「要在關係裡，找到一個恰當適當的位置，要在不違背自己良心的環境下，跟人、環境互動，才能感覺到自由、獨立，舒服。」對我們來說如此，對外籍勞工與配偶來說也是。「他們表達意見，或接收消息的平台都還是很缺乏的。他們不會中文的話，當然不可能跟我們享受在台灣一樣的接收消息和表達意見的自由，這是可以理解的。可是我覺得他們現在的狀況還遠遠不夠好。應該以一個英語系外籍人士作為標準，他在台灣可以得到一個什麼樣接收消息和表達意見的程度，我期待一個越南人或印尼人可以一樣。這看起來沒有法規迫切，但是基礎建設。」要改善外籍勞工與配偶的處境，讓其在台灣的生活可以接近我們認為的自由人權標準，張正說：「要語言溝通，增加接收和表達訊息的強度，談後面才有可能。」在沒有辦法溝通的情況下，言論自由或是人權，對他們來說，都還是遙遠的期望而已。

性別

呂欣潔：性別平權，我們談的是人

曾云

眼前這位七年級女生聊著長期照顧、婚姻平權理念，她的自信和熱情很快吸引了所有聽者。她擅長與人互動、傾聽民眾問題，曾與她一同拜票掃街的林義雄，因而認為她非常適合參選從政。

呂欣潔從台大社工系二年級開始投入「同志諮詢熱線」ＮＧＯ至今十二年，笑稱以前很少有女同志站出來，所以哪裡都需要她，她不斷思考怎麼讓社會更認識同志，破除汙名與歧視，並協助讓他們和家人相信，每個人都值得更好的愛和生活。

因為社工系出身，呂欣潔被訓練得很有同理心，容易看見弱勢與邊緣的需求。她推動性別教育長達十二年，北中南東演講超過六百場，「我參與很多國際工作事務、去聯合國開會，討論不同國家的性別議題。但一個政府願意領頭去做，和民間機構苦哈哈推動，所能取得的成效，有著巨大的落差。」

曾代表社會民主黨參選松山信義區立委，如今成為蘇巧慧國會辦公室副主任，同時是同志諮詢熱線文宣部主任、國際特赦組織台灣分會理事，呂欣潔說道：「如果每個人都能了解自己並做自己，並獲得尊重和珍惜，那就是真正的自由。」

#存在，因為顧全更多

立委選舉時曾舉辦一個造勢活動，邀請障礙者朋友上台發言，她堅持要有無障礙設施，當時經費只有五萬元根本行不通，最後她自掏腰包加一萬塊打造。「這是身為社工我其他人最大的不同，我要顧全更多人，即使有些人認為某些事意義不大或難被看見，但這正是我存在的原因。」

「熱線」的工作人員很少，呂欣潔不僅自己做服務，四、五個人員要培訓三百個志工接電話、帶團體、辦座談會或創造出版品。「我們在服務過程中看到社群的需要，再去做社會教育和政策倡議，一切都以需求者為基礎，這和很多由上而下的政策立法不同。」

#婚姻平權路上的推手

二〇一五年，知名媒體人瞿欣怡相守十五年的同性伴侶阿逑罹患乳癌，瞿欣怡驚覺彼此竟然是法律上的陌生人，她被逼得去了解同志的「權益」，包括「醫療決定權」、「探視權」、「共有財產」等，並將這段疾病陪伴紀實寫成《說好一起老》一書，希望各界能夠理解並尊重各種性別差異，與同志展開良好的對話。

書中提及，《醫療法》第六十三條、六十四條明訂：「病人為未成年人或無法親自簽具者，得尤其法定代理人、配偶、親屬或關係人簽具。」然而實務上卻非如此。曾經有同志在陪伴生病的伴侶時，隨身攜帶法條。當伴侶必須截肢，需要簽署同意書，他拿出法條據理力爭時，醫院卻堅持要「家屬」到現場簽具。最後他們等了很久很久，才找到根本沒見過面的侄子來醫院簽名。

多年社運經驗與自身經歷，呂欣潔深諳同志的平凡與辛酸，因此她認為婚姻平權是同志議題中首先必須推動。最早立法承認同性婚姻全面合法化的國家是荷蘭，二〇一五年六月美國法律通過，許多亞洲國家礙於傳統道德倫理，同志議題雖被廣泛議論，法律上卻難有實際行動。

二〇一五年開始，台灣各地方政府逐漸接受同志伴侶的註記，雖具象徵意義卻無法律效用。她笑著說：「政府面臨衝突的場面時就會退開，要兩造自行處理，但其實很多議題比如簽ＥＣＦＡ也沒保持中立，明知社會上有其他聲音也要一意孤行。」呂欣潔與獸醫師伴侶陳凌二〇一五年舉行傳統形式的婚禮，用行動證明自己的婚姻自己做主。

#追求腦袋裡的自由

同志議題要從社會結構上改變，除了法律的修正，婚姻平權的推動，很多同志朋友長期沒有被好好對待，所以不知道怎麼去經營一段關係，這其實應該從政策面、教育制度去改變。

什麼是性別自由？一個人可以選擇當男生或女生就是自由嗎？性別的概念其實是流動的。「性別觀不是與生俱來的，對性別的想像需要被教育，因為社會的潛規則和既定想像太深。我伴侶的媽媽就常問她要不要去變性。」呂欣潔笑道。

「跳脫性別，台灣社會對人的自主性是否尊重、重視人的本質，是否能讓孩子適性發展，那才是真正的自由。可惜台灣的法令把所有人當壞人，只去思考怎麼懲罰你，沒有做前端的教育。」對呂欣潔而言腦袋裡的自由是自由的真諦。

「我現在被中國寫成投機台獨女政客，只因為我拿台灣國護照拍了一張照片，還編了一個故事說我去荷蘭被海關攔下來但其實根本沒有。」中國至今沒有「家暴法」，呂欣潔時常前往中國與當地志同道合的社運夥伴交流，「政府的打壓很嚴重，之前有一個境外基金扶植的女權組織，辦一個拒絕性騷擾的活動，在公車上拉布條就被抓起來關，抄你家，也不能請律師。」

許多讓人敬重的運動者，已經是中國十億人口最嚮往自由的一群人，可惜政府的機制在他們腦袋裡內建了小警總，自我審查機制非常嚴重。台灣年輕世代在完全自由民主的環境下長大，心靈上的自由彌足珍貴，這是前人披荊斬棘的成果。

#長期照顧是誰的事情？

呂欣潔有一個相差十歲的妹妹是極重度身心障礙者，從她十歲開始全家的重心就在妹妹身上，體會了政府長期照護體系的缺乏與息制度的使用不便。因此政府應當另立稅收支應普及、優質、平價、社區化的「長期照顧體系」。

二〇一二年雪梨大學政策碩士畢業，對於澳洲的大政府小市場很嚮往，因而投入社民黨。她認為關鍵是觀念的改變，每個人認為「照顧」是誰的事情？「現在我們認為照顧是家庭的事，因此百分之九十是家人尤其是女性承擔，過程中影響女性的工作權和實現自我的權利。或者大量依賴外籍看護工，壓低我們的基本工資，讓年輕人沒辦法進入這個產業。弱勢家庭於是更加弱勢，貧富差距加大，勞工待遇差，多重因素相逼而政府袖手旁觀，是悲劇頻傳的主因。」

社民黨傾向認為照顧是公共事件和國家責任，有付出就是未來有回報的正向系統。慢慢建構一個長期照顧的系統，不是等到人住醫院了才去思考，而最理想的長照系統應該是以社區為本。

呂欣潔從自身出發，放眼未來，關懷十分柔軟，她強調：「每個法案都會對同志公民產生影響，例如長期照顧中有沒有多元性別的觀點？」當她聊起自身的經歷，我們知道跳脫同志框架，談的都是人的議題。

關於同志始終有一群人非常反對，不見得因為宗教，而是跨國的複雜政商關係。呂欣潔爭取自由、更多期望每個人都有選擇與愛的權利的過程，也是台灣社會接受差異、包容多元的過程。或許，當

「愛」被拿掉定義之後，才是真正的自由。

原住民

馬躍．比吼：轉型正義是原住民追求自由的第一步

曾云

身為原住民，馬躍．比吼對原住民的未來除了擔憂還是擔憂。

他曾任台南市民族委員會主委、原住民族電視台台長兼任「原住民族文化事業基金會」副執行長。

二〇一六年第二次參選立法委員的記者會上，原住民音樂人胡德夫、張震嶽、以莉．高露和巴奈都現身為他打氣，支持者眾，他登高一呼，希望所有原住民族都能有自覺「做自己的主人」。

此次總統立委選舉共有十三位平地原住民立委參選，其中國民黨籍原住民立委獲得將近一半的百分之四十九得票率，無黨籍的馬躍・比吼以百分之九・五得票率落選。

選舉的結果其實並不意外，然而令人好奇的是，國民政府接收台灣以來，原住民市議員和立委在政黨比例上為什麼總是偏藍？國民黨一直以來都掌控著原住民的選情。以此次為例，無黨籍參選的馬躍有藝文界知名人士眾志成城，大聲疾呼，卻難以動搖在「黨政一體」的時代，接收台灣後就以有效的組織人脈、行政資源深入各個部落地區運作的國民黨黨部。

談及此事馬躍無奈怨憤，「一般認為選舉制度是維繫台灣民主的機制，但是原住民卻是被迫接受。」其實何止選舉制度，當代台灣整個原住民的自覺運動才正在開始，而且步履蹣跚。對馬躍而言，原住民要爭取民族自由，第一步就是台灣政府必須落實轉型正義。

#無法遺忘的一段段歧視

頂著爆炸頭的馬躍・比吼是一位紀錄片導演，作品曾獲文建會地方文化紀錄影帶獎、金穗獎、台北電影節、台灣國際紀錄片雙年展、南方影展，也曾兩次獲邀參加美國瑪格麗特・米德紀錄片影展，所有影片都記錄了原住民的生活，承載著許多無奈。

來自花蓮玉里春日部落，母親是阿美族人，父親是外省人，馬躍的家庭就是他觀察的縮影。三十歲之前他和父親的關係不好，幾乎不說話，看見父親對母親的不平對待，也不會當面反抗。真正開始意識到母親在家裡的處境其實就是原住民族在台灣的處境，是在服兵役時。軍方的特權和謊話特別多，軍中原住民被對待的方式，就是一段段讓他無法遺忘「受歧視」的往事。當下，他下定決心要做能發揮實質效益的事。

很多朋友不懂他為甚麼要蹚政治渾水？沒有錢還要去競選？本來厭惡政治的馬躍表示，這幾年深感紀錄片、歌唱雖有影響力速度卻不夠快。他就是想用自己的文化和方式去生存，靠自己去影響更多人。

想用自己的文化和方式去生存，唯有靠自己去影響更多人。

#轉型正義，接下來我們才談自由

原住民除了要找回自己的文化、歷史和自我認同，更要爭取中華民國政府落實轉型正義，完整、公正釐清真相，使人民理解自己的歷史，讓受難者走出心中的苦痛。「談自由太奢侈，現在首先要做的是為我們平反。政府賠償二二八受害者六百多億，有對原住民做嗎？此外，政黨是相同繼承的，日本人做的國民政府也要還。」

馬躍表示：「以歸還原住民土地為例，我認為原住民保留地目前占台灣百分之七，現在能用約百分之二，應該先拿回百分之五，根本不會影響漢人。」

馬躍心中的理想，是新竹尖石的部落司馬庫斯。司馬庫斯相對獨立，有自己的學校，可以決定觀光客的數量。司馬庫斯曾因拿一根木頭被林務局控告，最後被判無罪；曾自己蓋學校被教育局控告，也被判無罪；他們收觀光客門票被檢查官起訴，最後也獲無罪。對馬躍而言，所有族群都應該有自覺做自己的主人。

馬躍正與志同道合的朋友推動原民教育的具體計畫，讓原住民孩童都能上自己的學校。目前花蓮縣豐濱鄉海邊有一所尚不合（漢人）法律的幼稚園，他們叫「海邊幼兒園」，現在有超過十五個孩子，幼稚園後就在家自學。

每個民族對「人」的標準皆不相同，漢人是德智體群美，但其實都是會考試最重要，但原民有些強調互助合作、有些強調膽識、有的強調敬老，發展各種特色才是對不同價值的尊重。這所「海邊幼兒園」教的是阿美族的歷史文化；阿美族最重要的價值是溝通與協調，也是這所學校最著重的能力。

對馬躍而言，相信現在的課本，原住民就會成為別人。每個人都要有寫自己的課綱、蓋自己的學校的能力和想法。

#失語的一代，還會知道自己是誰嗎？

「失去土地、失去歷史，你還會知道自己是誰嗎？失去文化、失去語言，你的未來在何處？」巴奈和金曲獎最佳演唱人以莉・高露，在馬躍參選記者會上演唱的〈你還有夢嗎？〉出自馬躍之手，他不斷大聲疾呼的是原住民的自我認同。

馬躍憂心，這一代原住民可能會是失語的一代。「在漢人法令中，原住民女孩和漢人結婚，女孩就會自動變成漢人，就像日本皇民化運動時漢人變成皇民。在台灣你的身分認同和血液沒有關係，這是政策問題，政策決定所有的結果，這是政治題不是數學題。」

二〇〇八年，澳洲總理陸克文曾於正式為過去政府對原住民的不公平對待公開道歉。澳洲一九一〇至一九七〇年代因為實施「白澳政策」，大約有十萬名澳洲原住民兒童，被強行送到白人收容機構或寄養家庭，被迫離開自己的文化。

台灣政府自一九五六年開始全面推行「國語運動」，學校和公共機關一律使用國語，禁用母語。直到一九九三年內政部長吳伯雄及教育部長郭為藩公開表示，執政黨承認過去歧視母語的做法不當，當初語言政策錯誤，如今政府應開始尊重母語。然而，台灣整整有兩代人深受「國語運動」影響，這也讓原住民面臨語言瀕危的困境。

#站在巨人肩上為部落扛起責任

馬躍聲稱自己強烈的自我認同來自部落一位智者——Lekal Makor，也是最常出現在他的紀錄片中的角色。「他是我文化上的爺爺，Lekal Makor啟發了我。」馬躍感性地說。

高中畢業前一年馬躍參加了名叫「向部落學習」的營隊。「那時我想有誰會想向部落學習？部落不是很兩光嗎？」幸好遇見了Lekal Makor，馬躍的人生從此有了劇變。「我找到一個巨人的肩膀，站在他的肩上可以看得很遠。」此後他開始認識到原住民身分的意義，意識到自己該做些甚麼事。

「Lekal Makor很沉默，在祭典上講話卻很有力量。」Lekal Makory會扛著很重的木杖跳舞，意義是願意把錯一肩扛起。這是部落耆老承擔責任的方式，是文化的傳承。

祭典上Lekal Makor時常很憂鬱，因為部落祭典是八月一日，都市工作不易，年輕人很難得才能請假回來，沒想到卻碰上颱風，Lekal Makor認為祖靈沒有讓天氣晴朗，是老人家的責任。

祭典對原住民而言非常重要，勞委會於民國一百年公告，原住民「歲時祭儀」為《勞基法》法定假日，原住民受僱員工每年可以多放一天有薪假。然而馬躍認為遠遠不夠，「在漢人的節慶裡原住民還是協辦單位，沒有一個節日跟我們有關，端午、中秋連假動輒三日以上，我們的祭典只有一天假期，族人難以完整參與，每年有許多族人都因為請假困難，甚至面臨失去工作的威脅。」他想向Lekal Makor效法，想辦法為原住民扛起責任。

喚醒族群認同，解放原住民靈魂自由——我們需要的，何止是尊重多元、看見差異的智慧。

519×30

「五一九綠色行動」三十週年回顧

百分百自由與轉型正義的關係

鄭南榕基金會

鄭南榕對於和自己同世代和其下一代，有人因二二八和白色恐怖受害而不得翻身，處處展現他的不平及試圖尋求救濟手段的熱情，五一九如是、二二八如是，本書的出版其實是希望繼續鄭南榕在這一方面的掛意，得以被理解，這也是為什麼他努力以赴，而對自己的女兒曾表示，希望自己努力，為下一代帶來沒有恐懼的生活。

一九八六年「五一九綠色行動」，是黨外首次試圖動員民眾，以最和平的方式，抗議歷時長達三十七年的戒嚴。鄭南榕說：「五一九綠色行動的整個推動過程，從構想、宣傳、策劃，不過九十天左右，黨外能夠運用的媒體又十分有限，只靠幾本銷路有限的黨外雜誌，但是仍然能號召這麼多人一起來參加遊行，這表示有許多人希望取消戒嚴。」鄭南榕一心一意要為台灣人解開戒嚴的枷鎖，爭取百分百自由，讓台灣人活得有尊嚴。

然而，一九八七年一紙公文解除「有形的」戒嚴後，時至今日，近卅年過去了，我們的生活中是否仍有「無形的」戒嚴存在？政府機關、各級學校或民間是否仍有「戒嚴」心態無法根除？戒嚴時期的所有「不正義」是否已得到伸張？白色恐怖政治受難者及其鄰近的後代所受的傷害是否已獲得救濟？這些關鍵性問題的答案，沒有絕對，但卻都指向當前社會高度關注的「轉型正義」，換句話說，我們期望「轉型正義」的實現將成為達成「百分百自由」的最後一里路，因此，本書將從「行政面向」、「立法面向」、「司法面向」的轉型正義，分別訪問政治學者**陳俊宏**教授、**黃國昌**立委、**顧立雄**立委，試圖從訪談中指引轉型正義的前瞻性作為。

百分百自由與轉型正義的關係？

黃國昌：老實說，我覺得這是一個牽涉很大面向的問題。從不同角度去切入，會有不同的觀察結論。如果從一個個人的角度，我們希望生長在一個公義的國家，在這個公義的國家當中，每一個人都是自由人，可以按照自己的興趣跟偏好去追求自己人生希望達成的理想，這樣的一種自由的狀態，我會把它當成是一個人在追求他人生夢想的時候，希望能夠達到的境界。同樣從一個人的角度去出發，要談轉型正義的前提，一定是前面遭遇到了不正義的對待，那個不正義的對待在人跟國家之間的關係，顯然是來自於國家這一邊權力不當的使用所導致的不正義，因此從個人的角度出發的話，沒有辦法去糾正對個人所造成的不公義，誠如剛剛所說，這一個人是在這個國家當中能夠按照他的興趣、偏好去追求他人生的理想，這還是有一段太遙遠的距離，因此把那個不公義予以矯正，是邁向他能夠追求那個百分之百的自由的要件。

如果拉到再上位一點，從國家的角度去看，或比較長的時間軸線的角度去看，為了避免講得太抽象，我們還是先用台灣當作例子，台灣過去所發生的那些不公義的現象，從個人角度來看，他們已經喪失了他們的生命，那一個公義在他個人的身上是沒有辦法獲得實現的，因為他還沒有那個機會去實現他所希望能夠成為自由人的狀態之前，他就被這個不公義的體制給摧殘了，但是如果拉到整個國家，比較長的時間軸線來看這件事情的時候，會牽涉到這個國家裡面的這群人，作為一個國家的整體，他們未來在邁向希望能夠成為保護這個國家裡面的人，每一個人都有成為自由人的權利，跟追逐那個夢想的機會的前提是，他必須要把過去所造成的不公義的歷史，跟不公義的事件，能夠藉由轉型正義的這一個工程把它回復，那這個國家才會進入下一個能夠確保，這個國家裡的人民每一個人都能夠去追求百分之百自由所必要的條件。

總結來說，從這個問題切入我會覺得很直率，但是卻一語中的，轉型正義是要邁入百分之百自由的前提要件，這樣子的描述我覺得是非常地恰當，不過我剛好從兩個不同的層面，一個從個人的層面，一個從國家在時間軸線上的層面，或是在歷史的軸線上面，兩者之間所存在的對應關係，去更進一步地去談這件事情。以台灣來講，當然我們現在正在邁向正常國家的道路上，跟中國的關係是牽扯難分的，但為了讓我們的討論純度能夠更高一點，我暫時先做一個大膽的假設，即使假設我們現在沒有中國這個外力的威脅，我也假設台灣已經獨立建國成功了，那在台灣這塊土地上面的人民是不是就會成為我所講的自由人？我的意思是，在過去那一段不公義的狀態下，沒有靠著轉型正義的工程予以回復、填補，即使台灣現在已經是一個不受中國武力威脅的獨立國家，我也不認為台灣就能成為一個可以讓這個國家裡面的人宣稱，我們是活在一個能夠保證每一個人追求他的幸福和理想的國度，理由在於，過去所造成的不公義，並沒有藉由轉型正義的工程予以扭轉，而過去的不公義所造成的傷害和陰影，還有整個國家共同的歷史記憶，絕對不是好像這件事情過去就過去了，可以不要去面對它，也不要去談它，可以隨著時間的過去就被留在腦後，絕對不可能是這樣子的。

那一段的記憶，那一段的歷史，那一段曾經所發生的事情，對這個社會裡面很多的人甚至是他們的下一代，會成為他們共同承擔，永遠也揮之不去的記憶，而那個記憶，沒有辦法從負面的轉成正面的，只要這個記憶沒有辦法轉過來的一天，我們離那一個要成為每個人可以生長在一個保護他、去追求他自己人生的理想以及百分之百自由的國度，就永遠還會存在相當遙遠的距離。

當我說下一代、共同的歷史記憶跟已經潛移默化到我們的生活觀念的時候，受害人的家屬或是下一代，那絕對是我們必須特別予以重視或關照的，這個完全沒有問題。從再廣一點角度看，甚至於，沒有任何親人受害，但是那一個時段的歷史記憶是會影響到很久以後，這個社會裡面的人的行為，就會變得不自由。

我舉個例子，像我自己家裡，我們家沒有任何人受害，但我的父母走過那一段時光，他們到現在為止都還認為去跟中國國民黨對抗是一件很可怕的事情，是會惹來麻煩的事情。去沾染政治，是會引來自己甚至家人的人身安全。那時候我爸媽勸我不要去搞這些東西，家裡也沒錢沒勢，我去搞政治要做什麼？我一開始的反應當然就是會覺得，他們受到過去記憶的影響，當然現在會是不同的世界。但是我最近開始有一點不太一樣的感受，就是我想得更深一點，其實在他們的腦袋裡面，存在那樣子的想法跟那樣子的陰影，即使他們不是第一線的受害人，他沒有被抓去關過，可是包括我父母在內的那一個世代，他們的思想已經因為那個時候的籠罩，而沒有辦法正常地去開展他們本來應該有的公領域的生活，每一個人被限縮，或者說自我封閉，到非常私人的領域當中。每天就是乖乖去賺錢，回家小孩養大，大概就是只能過這樣的生活。當然我們以前比較著眼的是大面向的去說，這樣子的人跟他們的想法的存在，對於台灣社會，為什麼要經歷那麼久的時間，才會開始邁向民主化的可能性，我們通常是用這個角度去看這件事情，但是如果回到每一個人，作為一個獨立存在的個體的角度去看，你會發現，其實在他們那個世代，甚至比他們更年輕的世代，幾乎是絕大多數人都生活在沒有真正享受到「免於恐懼」的自由的精神狀態跟公共生活領域，而他們那樣子活在恐懼的陰影下面的生命，事實上是會感染到下一代，也會影響到下一代人的行為模式。

假設有一百個像我父母這樣子的父母，有時候我就會想說，那這樣一百個父母下面、一百個家庭裡面的小孩，有哪些是能夠藉由人生的機緣、遇到重要的人，或是透過自己的閱讀、學習，甚至自己的覺醒，而跟他父母那個時代所活在的那個不自由的狀態能有所切割，那又有多少人是繼續感染他父母那時候的恐懼，然後影響到他現在的社會生活。我後來思考，如果我的人生當中，沒有那些特定的機緣，發生了一些事，讓我有這個機會去跟原本人生不一樣的規劃的話，搞不好我也就跟我父母一樣，會覺得去搞那些事情要幹嘛？只會給自己帶來麻煩。因此，我認為，百分之百的自由跟轉型正義這兩者之間的關聯性，不管是從個人、從國家，放在整個歷史的脈絡上，不管從哪個角度切入，都是一個值得讓台灣社會好好省思的課題。

顧立雄：在我的理解，轉型正義是指，從一個不正義的體制或威權的體制，轉到一個相對正義的體制或者是一個民主的體制，所以從個人覺得不自由一直到個人感覺到自由的過程。

轉型過程當中，涉及兩個面向，一個是在威權體制時代、不正義的體制時代中受到迫害的人，對這些受迫害的人如何能夠讓他平反，這是一個。另一個是說，因為他是從一個威權體制轉到一個民主的體制，這個體制本身在威權時期是一個不正義的體制，這個體制必須做出改變，所以要讓這個不正義的體制轉變成一個合乎人民期待的一種正義的體制的運作。大概是這兩個面向。一個是威權體制中受到迫害的人民須被平反，另一個是體制的轉型，體制要把它轉型到一個合於我們想像的一個正義的體制，當然包括民主、自由、人權。

陳俊宏：如果我們從轉型正義所要達到的目的來看的話，如何去面對不正義的社會當中，對於加害者的追訴，或者是對被害者的賠償，又或者是對於真相的呈現，以及我們希望能去追求一個民主、符合正義的制度式改革。這目的其實就是希望我們能夠真正達到一個自由的社會，自由社會裡面我認為轉型正義可以有幾個面向。

第一，轉型正義是一個文化的反省運動，它事實上是我們從歷史的反省當中去建立一個民主的文化，或者是一個自由民主的文化，也就是說我們要透過了解過去的歷史創傷、歷史的不幸，去了解到為什麼自由與民主的可貴。所以我採用一種，其實是回到一個西方的政治哲學家Judith Shklar，她談到一個叫做「恐懼的自由主義」，那個恐懼的自由主義是說，政府是一個最大的殘酷行為執行者，所以我們追求自由不是因為我們有天賦人權，我說Human rights是來自於Human wrongs，是因為人類歷史當中存在著很多歷史的錯誤，所以我們應該透過人權的機制來保障不要再讓人害、或者人禍，繼續再侵害到我們身上。所以從這個角度來看，我們是透過這些歷史的反省或真相的呈現，提醒我們下一個世代，獨裁或威權政治對人道的摧殘，只有透過警惕，我們才會知道自由的可貴或是民主要如何建立。所以這是一個以歷史記憶為基礎底下的自由主義，而不是一個抽象的原則：人生而平等。所以在這個基礎底下，我們才能夠讓下一個世代的人體認到自由與民主的可貴，因為威權統治對人性的殘害，我們也看到很多在白色恐怖底下對人性的扭曲。

舉個例子來說，有個作家叫做季季，他有一本回憶錄叫做《行走的樹》，深刻地描述了一個威權體制下對人性的殘害，對我個人來講那是一個最好的自由與民主的教育素材。因為我們其實要讓下一代的人知道說，在威權體制底下，體制對人造成什麼樣的影響；讓下一代的人理解到，一個人可能很恐懼地表達意見，那個心理上是如何被扭曲，或者是說這個社會底下是怎麼樣的彼此互不信任，當「匪諜就在你身邊」的這種說法底下，其實是刻意地去讓人與人之間產生疏離。所以對我來講，最重要的教科書其實是「不民主」的教材，因為讓所有的人了解到，從我們過去的這一些傷害進行最深沉的了解，為什麼會發生這些事情，以及這些事情會對我們帶來怎麼樣的影響。我想我們才能真正去體認，為什麼我們要去追求這些自由與民主。

如果從自由人的角度來講，我想引用曼德拉的一段話：「自由不是只是我們離開了監獄叫自由，當我走出監獄的時候，解放被壓迫者與壓迫者的雙方成了我的使命。」事實上他認為，如果我們只是走出監獄，我們並不算是自由，我們只是獲得了不被壓迫的權利而已，我們並沒有踏向旅途的最後一步，他認為獲得自由不僅僅是擺脫我們身上的枷鎖，更是尊重、或是增加別人自由的一種生活方式。因此，對於一個自由人來講，不只是能夠免於外在的壓迫，而是說我們也能夠對於那些被壓迫者與壓迫者，也能夠去解放他們，所以為什麼說轉型正義當中，「和解」是重要的，這是很重要的目的。對我來講，如果從這個角度來看，我們應該要讓這個社會多一點了解對抗獨裁者的歷史，而不是去對獨裁者記憶的歷史，回到前述，這對於我們要去追求一個自由的社會，這個部分是重要的，而不是只是回到過去，好像我們尊敬我們的鄭南榕，而他去拜他的蔣介石。這樣不是我們追求自由、民主、和解社會的重點。所以對我來講，從這個角度來看，這是我認為可以跟百分之百自由結合的一個關係。

黃國昌：從立法面向談轉型正義

鄭南榕基金會

二〇一六年的立委選舉完成台灣首次「國會政黨輪替」，未來轉型正義立法工程的終極目標是什麼？

我認為轉型正義的終極目標是，在我們能力所及的範圍內，去改正過去不公義的狀態，藉由這個不公義狀態的改正，讓台灣真正有可能走向成為一個公義國家的道路。我第一句話強調的是說，在我們能力所及的範圍之內，盡可能去改正過去不公義的狀態；其實這句話就已經點明了，有一些不公義的狀態是無論如何無法被改正的，因為有很多讓人很難過、不幸的事件、不公義的事情，都已經發生了，有很多人因此而受害，有很多家庭因此而破碎，也有很多子女因此而遭遇到人生過程當中的苦痛，那些事情超越了人的力量可以去扭轉的不公義狀態，就是無論如何都不可能回復，但是盡可能在我們能力範圍內去回復這個不公義的狀態，卻是一件必須要做的事情。因為它不僅僅是對過去因為受到不公義對待的個人，更是對於這整個社會、整個國家，我不相信一個社會能夠一方面對過去的不公義閉上眼睛，另一方面卻要跟全世界的人大聲昭告說我們已經是一個公義的社會，我們要走向成為一個公義國家的道路，老實講我不相信的，這要不是偽善，就是精神分裂。你怎麼可能選擇拒絕誠實地面對過去的不公義，然後竟然還可以同時聲稱，接下來希望成為一個走向公義的偉大國家，這是絕對不可能的事情。

當我們做這些事情以後，我說我們最後真正想要達到的目標是，讓我們開始邁入、走向公義國家的道路，讓我們開始邁入、走向公義國家的道路，前面那些過程，包含轉型正義的處理，它不僅僅是想要平撫過去的傷口，它更積極的意義是要讓整個社會因此能去共同面對跟反省過去的那段錯誤，才有可能讓社會在這個反省跟認識的基礎上，真正團結在一起，一起往前走。所以，面對轉型正義的時候，有一種論調是說，台灣社會不需要再被撕裂，不要再去挖以前的傷疤，其實我不太接受那樣子的看法，因為不是說要去揭以前的傷疤，而是那個傷疤其實一直都在，從來沒有消失過，只是你有沒有去面對它，有沒有想要去治癒它？我覺得唯有經過了那個過程以後，整個社會才有可能因為這樣子而真的重新團結在一起，然後去面對我們共同追尋希望這個公義的國家可以讓每一個國民，成為自由人的權利。

關於轉型正義，真正終極的目標是，我希望能夠建立一個公義的社會跟國家，讓這個社會跟國家裡面的每一個人可以享受自由人的權利。這個是我覺得我們在推動轉型正義的時候，真正最終極的目標，但改正過去那個不公義的狀態，是邁向這個目標之前必須先處理的事情。

落實轉型正義，必須完成哪些法案的立法？

我們一般討論轉型正義的時候，基本上，不管是國外的歷史還有台灣過去這幾年有很多學者、運動者，大家藉由共同的討論，所累積出來的智慧，不外乎就是四個面向。第一個面向是，真相的發掘，在真相發掘的基礎上，才有可能去邁向第二個面向，就是追究責任，才有可能到第三個面向，去填補過去造成傷害的傷痛跟損失，就是我們一般所在講的賠償的問題。藉由真相、藉由究責、藉由賠償，你最後才有可能達到這個社會因此而和解，而重新進入一個真正做為一個社會共同體的存在，那樣的境界。

因此，如果先切開台灣特定的政治時空脈絡，我會覺得真相的究明永遠是最重要的，這個真相的究明奠基在很多重要的基礎上，譬如說過去的檔案必須要完全的公開，檔案的公開是真正的公開，而不是選擇性的公開。過去不管是刻意迴避問題，或者是閃躲問題的人，你必須要讓他願意開口講話，把過去到底發生什麼問題，他必須講出來，配合著那些史料、檔案以及人的口述，把真相真正還原，老實說，台灣不是沒有在做這件事，陳水扁執政的時期就有人在做這件事，只是細節我不是很清楚，但後來他們好像有一點後繼無力，政府並不是透過一個正式的組織在處理這個事情，最後反而是民間的「真促會」（台灣民間真相與和解促進會），那一群學者、朋友，在某個程度上完全就是用自己的青春歲月、時間在弄，我覺得他們即使在那麼沒有資源的狀態下，他們做的工作到目前為止，相對於以前，已經挖出了很多很重要的東西。只不過說，這樣的分量遠遠還不夠，這個事情一定是要以國家的力量，用國家的資源，更大規模的去做，因為有太多重要的檔案、資料，到現在都還沒有完整的蒐集、清點、公開。我會覺得先撇開台灣的時空環境不談，最重要的是，這樣子的事情必須開始做。在這個基礎上，才有可能去講究責，加害者到底是誰？不可能有一段很荒謬的歷史是說，有一堆被害人，但找不出一個加害者？那這個歷史到底是要如何詮釋？

在二〇一六年以前，台灣處於一個不是很健康的政治結構，指的就是中國國民黨，因為中國國民黨做為一個群體最大的加害者，他還是這個國家的執政黨，他還整握這個國家的國會，當這個現象發生的時候，就不難理解怎麼有可能找得到加害者？當然我在講加害者的時候，我沒有講到很細的部分，到底是哪些人幹了哪些事，但是這些人他組成的一個幫派叫中國國民黨，還控制了這個國家，難怪你沒有可能去做任何責任追究的動作。陳水扁執政的時候，他有一度想要做，我也知道他有做一些努力，不過國會就是這個樣子。我知道有一些朋友對於陳水扁有一些批評，認為他轉型正義做得不夠認真、不夠大力，我並不是說這些批評沒有道理，但是我們必須要回到那個時候的環境，畢竟中國國民黨還控制著國會，這也反映出，為什麼台灣社會對轉型正義可以開始這麼大聲，這麼熱烈的討論是因為，這個幫派即將不控制行政權，國會也不是由他來控制。

但是，我要講的是，事情並沒有那麼簡單。因為就像我前面所講的，最重要的事情是真相的究明，有一個相對於真相的究明，某個程度上面看起來是屬於旁支的事情，就是中國國民黨不義黨產的追討。這個事情在我剛講的那個的目標上面看起來好像是岔出來的問題，但是為什麼要花這麼多力氣討論、處理這個問題，是因為這個問題能不能獲得處理，會對於接下來台灣能不能邁向正常的民主政治，產生很深遠的影響，它不只是單純的說有一些錢被一些人拿去花用，如此簡單而已，因為這個需要被檢討的對象，所擁有的龐大不義黨產，如果沒有辦法藉由這個過程還財於民的話，台灣所處的政黨政治的競爭環境還是一個不正常的環境，而這個最應該被追究責任的，很有可能隨時會藉由這一個他本身所保留的不當黨產而死灰復燃，這是絕對不能輕忽的事。但是我又說，這件事情沒那麼簡單的理由是，我們的《憲法》比較奇怪，有五權，行政權、立法權，二〇一六年大選後，這兩權可以說是代表本土的政黨拿下來，而中國國民黨這個要被追究責任的對象變成在野黨，但不要忘記還有其他三權，其他三權裡面有兩權扮演關鍵的角色。為什麼會這樣講？現在不當黨產處理條例裡面的設計，為什麼中國國民黨的法案版本是要交給監察院去認定？因為監察院都是馬英九指定的人。那你說沒關係，中國國民黨的版本不會過，反正他們在立法院裡面是少數，但過民進黨的版本，後面還要面對大法官，現在這些大法官也全部都是馬英九任命的。現在大家討論的最多，也很應該要去做的事情，看起來好像在國會裡面具有力量去完成立法，可是後面會面臨相當大的凶險。就像我現在假設在五月，《不當黨產處理條例》過了，國民黨提釋憲，可能夏天就宣告違憲，最起碼討黨產這件事情，一切都要重來。

另外一個看起來是比較沒有辦法馬上立竿見影，要花一些時間、人力、物力去做的就是，真相的究明與調查，那些東西可能涉及到很多檔案、很多史料的整理、蒐集、公開，會花比較長的時間。初步感覺上，它不像討黨產那種在現實上的衝擊感，但是我會覺得那個工作做不下去的話，所造成的影響是非常非常長遠的。在那個工作的基礎之上，我們接下來才有可能去處理究責跟賠償的問題。

為落實轉型正義要完成哪些法案的立法，優先順序與理由為何？對我來講就不是一個容易的問題，所謂不是一個容易的問題指的是說，就不義黨產的追討，為了避免他脫產，為了避免他借屍還魂、死灰復燃，大家就覺得說現在一定要趕快開始做。我覺得，現在趕快開始做也是重要，只是我一直在提醒大家，做這個事情要有節奏，否則，欲速可能不會達。

有關前述的真相究明等四大目標共同去促進這個組織體的組織立法，我會覺得是要趕快去做的。所謂的這個組織體的組織立法就是說，譬如以南非當作model的話，要成立一個「真相調查與和解委員會」這樣的組織體，我會認為這樣的組織體要趕快完成立法，這個立法也不用太複雜，先把這個組織體架起來，給它法定的職權。蔡英文說要放在總統府下，我也贊成，因為它象徵了某個程度國家的高度，不是只有放在行政院下。設這個組織體，給它法定的職權，然後趕快去聘好的委員、適合的委員到那個委員會裡面，開始工作，針對我所講的那四件事情，按部就班地去進行具體工作的分工跟推展。

除此之外，要趕快做的還有《國家檔案法》，能夠藉由《國家檔案法》的修訂，讓很多在進行真相調查的時候，必須要用的資料跟史料能夠真的拿得到手。這裡面還包括了現在被中國國民黨當成自己的黨史或是黨產的那些文獻資料必須要取得、公開。在整個順序上我會覺得這三個是最起碼，在二〇一六年一定要想辦法趕快完成的事情，因為老實說，完成立法只是第一步。若是我們真的通過了不當黨產處理條例，組成了不當黨產委員會，他要搞多久？那個要追查的時間我自己在估計可能蔡英文的第一任任期內都無法完成，時間應該是超過五年以上的。我要特別強調的是，這三個法案若是在今年能完成，在這三個法的授權下要去做的事情，其實也都不是很容易做的，但是已經可以起個頭了。

在接下來的過程當中，真的速度會取決於前述的那兩個核心的委員會，一個是討黨產的委員會，一個是在總統府底下的委員會，他們的工作效率、工作進度。因為當那些東西都有了以後，他們事實上就已經可以開始去做事了。我會期待，那個委員會成立以後，在四年內要先交某一部分的成績單出來，否則人民會失望。有沒有那個政治上面的動力讓你再持續下去，這很關鍵，一定要先做一些成績出來。不然如果搞半天，結果什麼東西都沒有，人民也失望，在那樣的情況下，還有辦法繼續做嗎？就會是一個很大的問題。不過我現在可能只能給一個很粗略的估計，我會覺得如果到二〇二四年，這件事情可以做到告一個段落，我會覺得就不錯了。

推動轉型正義立法的過程中，如何處理與保守勢力的互動？

保守勢力的反撲是必然的，只不過說他的反撲可能會透過很多不同的途徑，反撲的途徑是說，有的是直接明著來的那種，我會覺得那種都不是不能夠應付的，不管在國會裡面杯葛，或是去申請釋憲，跟你打官司這些明著來的都還能夠處理，也本來就是需要去面對的，我會比較擔心的是，透過比較柔軟、陰柔的方式，去做一些政治上面的交換，這個是我比較擔心而且不知道怎麼去預防的。

不過，我在處理跟保守勢力的互動上，大概會分成兩個部分，所謂的那些保守勢力真正要負責任的人跟掌握權力的人，還有他們的支持者，我會把他們切開來，真正掌握權力跟真正要負責任的人就直接正面對決，沒有什麼好說的，也不要想要去影響他們，期待他們自己會突然大徹大悟，然後要主動做一些事，當然有很好，但是不要去做這樣的期待。但是我覺得比較重要的，反而是那些人的支持者，因為我不認為他們的支持者協助他們去阻撓進行轉型正義的工程，對他們來講會有什麼好處，絕大多數就是他們是受到上面那些人長久以來的思想影響，或者是收到他們所灌輸給他們那一套想法與認知，但是他們的支持者我會用比較柔軟的對話、溝通的方式，不管是透過辦活動，或是什麼樣比較軟性的形式去讓他們了解到，進行這樣一件事情對整個社會、國家，乃自於他們自己的下一代所具有的重要意義。

如何以立法手段救濟白色恐怖受害者的次一、二代，尤其是無力翻轉仍屬弱勢者所受之戕害？在轉型正義法案的立法過程中，有什麼機制可以隨時與公民對話、溝通？

我覺得大概分兩個層次。我們之前在國會裡面，個別的政黨比較關注、花比較多時間在有關不當黨產追討的法案，大家開始可以先進行協議、討論。那個走完以後，接下來就進入了真正的我們要追求真相的發現跟和解的促進的法律時，我說分兩階段。第一個階段是在總統府下面設的那一個組織體，以及國家檔案公開的法律，在這兩個法律立法的過程當中，我會覺得國會應該要在立法的階段就要扮演很積極的角色，多藉由公聽會的召開，而且不是消極地等人家來參加，要主動地去邀請這一些受害者的下一代，他們的親屬來參加，聽他們對於這一個轉型工程的期待，他們希望能夠達到什麼？他們希望內容應該要有什麼？去聽他們的意見，接下來再整個寫入法案、立法的過程當中，才能夠比較完備一點。這個第一個階段，相對而言是可以比較快做完的。比較費功夫的是後面那一階段，當真相調查與和解促進的那一個委員會一旦成立了，在那個委員會下面我的想像中是要分好幾組的，去做不同的事情，有組別要去把真相究明，有些組別要開始從究明的真相、加害人也搞清楚了，然後接下來去處理賠償的事情。那個委員會一旦成立以後，真的硬功夫、最累的會是那個委員會下面，跟受害人家屬及他們的下一代去保持一個經常性的溝通、對話，那是必然的，但絕對不是只有消極地架設一個網站，雖然我覺得架設網站是必要的且最起碼一定要做的，也必須在網站上，定期把工作進度跟台灣社會做報告。但除了這個消極的作為之外，可能還要再更積極的，每過一段時間，譬如說兩個月，就應該要將進度跟台灣社會做一個說明、報告，同時也邀請受到影響的利害關係人，大家來這個委員會裡面，藉由一個對話討論的過程，能夠去蒐集、反映他們的意見，甚至可以考慮說，在這個委員會有一個正常的編制，我現在還不太能夠想得清楚，但有個想法是讓受害者及其家屬直接進入到那個委員會裡面，雖然可能會去影響到那個委員會，讓反對的人找到一些藉口去攻擊，但是除了該委員會的委員之外，在委員會的架構底下，去設一個被害人的家屬代表可以去參與的一個內部的另一個組織體，做為實質可以去反映意見的一個機制，我覺得在立法上面，也可以進一步去設立的。所以，總而言之，在這個委員會成立以後，到底是要透過定期的報告、聚會、討論，比如公聽會，還是說除此之外，要有更進一步的，在次一級的組織體裡去反映態度，我覺得大家到時候討論這個委員會組織立法的時候，可以再多幾次討論。

顧立雄：從司法面向談轉型正義

鄭南榕基金會

從國家的司法體制觀察，針對戒嚴時期的不正義，轉型正義最關鍵性的部分為何？

因為司法的體制從戒嚴時期跨入到民主開放時期的時候，司法體制沒有做轉型，這是一個大家現在最詬病的。剛剛提到兩個面向，一個是「平反」，一個是「體制」，這兩個事實上都沒有做到。

在平反的部分，因為在民主之後執政的仍然是當時的國民黨，也就是一個威權時期的政黨跨到民主時期，他還是執政黨，在這個情況下，他當然只是做一個非常有限度的、甚至連賠償都做不到的補償，他沒有辦法真正弭平整個體制上的不正義，以及真正達到一個真相的探尋，最後甚至在究責這個部分真正有任何作為，幾乎是零。

在所謂司法體制的轉型是零的情況下，這個「遺毒」就一直殘留到現在，可是因為時間過了很久，所以要就轉型正義的觀點來探討司法體制如何來做，就面臨很大很大的困難。

第一個從平反的觀點來看的話，在動員戡亂時期終結當時，大家都提到要讓戒嚴時期受到不當審判的人有一個救濟的機會，可是《國家安全法》第九條，基本上是斷絕了所有在戒嚴時期受到不當審判的人他平反的路，除非有什麼確實的新事證才能提再審，但事實上這怎麼可能，連檔案都沒有公開，真相根本沒辦法追尋，到哪裡去找新事證？

因此，一律都不准提出任何上訴。對於無法獲得有效平反的不正義現象，在二〇〇〇年扁執政當時是有試圖要提出來，所以當時有人提出來《國家安全法》第九條的修正案，但因為朝小野大，這個法案不可能在立法院得到通過。

現在二〇一六年，從解嚴至今已快三十年，當然這個草案我也再度提出來了，《國家安全法》第九條，就是說在法律通過之後一定的期間，比如半年或一年，可以上訴方式提出救濟，但這個一定要搭配《政治檔案法》，也有人說不一定要制定《政治檔案法》，將《檔案法》加以修改也可以，就是再進一步加以明確規範。涉及到一個是軍審，一個是即使戒嚴時期普通法院的審判都有關係，大家都知道《憲法》雖然規定，非現役軍人不受軍事審判，但在戒嚴時期都可能會受到軍事審判，這個部分的檔案資料到底還有沒有留存？留存的狀況是如何？當然這個部分是比較嚴重的，所謂白色恐怖時期大部分都是受到軍審，但一般普通法院的審判，可能也會有人主張受到當時威權體制上的迫害，這個部分相關的檔案，到底有沒有辦法完整去讓被害人進行查詢？參照德國的經驗，被害人都可以去進行查詢所有相關的資料，包括甚至當時案子的源起，案子可能放到法院的是一塊，放在警總的是一塊，也就是一般講要知道案子是被誰檢舉，在起訴當下可能不會挪到軍事法院，可能留在警總，或留在調查局，這個是不是可能全盤性地公開？然後讓人家進行查閱，這有它很大的困難，因為檔案可能都已經滅失了。

台灣不像東德，因為東德垮台的當下，是立即被人家進去，全部把它停住；因為東德是一夕之間垮掉，而且進去之後全部都不要亂動，這樣子的狀況跟我們不一樣。我們經過一連串的寧靜革命，沒有流血，但相對付出的就是檔案逐漸的流失，我們可能沒有辦法期待有一個完整的檔案的保存，但是還是盡量要去看看警總、調查局在戒嚴時期還有軍事審判時期，甚至不屬於軍事審判但是留存在法院的相關檔案，到底有沒有辦法做一個全部的整理。這當然要靠歷史學家整理成可以讓普通人都可以索引到的方式，因為如果沒有的話，基本上大概是滿難找到的。但是因為經過這麼久了，這當然是很困難，所以從司法上進行平反，包括真相、究責，這個部分到底要怎麼去落實，大概只能說我們努力去進行所謂的立法，然後再成立一個真相調查委員會，然後再喚起人民對這個部分，可能都已經是先人了，但還有他們的第二代，願意出面去做真相的探討跟案件的平反，然後對於一些人的究責。

另外，體制上的改革也很困難，因為司法的體制從戒嚴時期到解嚴，每個念法律的人都知道，其實沒有任何轉變。也就是說，他在戒嚴時期是法官，他做了很多迫害人權的判決，可是在解嚴的當下他還是法官，而且一直做到他優遇、退休。司法體制的遺毒就是使人民產生對司法的不信賴，因為它根本沒有轉型。

司法體制的相承有很大的師徒制，老師教囝仔，問題是我們的法官也不是很有抵抗能力，若我們的法官是如同英美法系四五十歲才去當法官，已經在外面混了二三十年，他抵抗他的老師給他的一種「毒素」，可能比較容易，或者如果照英美法系，他們是沒有師徒制的，因為英美法系這種法官進去，大家都很有主見，都想在歷史留名，因為他們都已經在社會上夙有聲望，但我們不是，我們都很清楚，我最近才看了報導，近年司法官錄取者七成不到廿五歲，這種情況一直發生，因為「國父」遺教說要考試取才，考試取才的遺毒就是最會念書、最會考試的人一定是剛畢業的，越做事就越不會考試。

以二十五歲的人來講，進去受兩年的司法官訓練，他就整個被籠罩在那個封閉的環境裡面，受到這整個體制內的老師、同儕的影響是相當相當深，這樣子的一種「傳承」，可能比國防部好一點，但顯然是趕不上整個社會民主開放的腳步。所以他就相對一直落後在後面，能夠有反省能力的法官，可能招考了十個比例只有三個，不能說全然沒有，畢竟在學校，老師都會透過教育過程，希望讓學生有思考能力，可是這樣的獨立思考判斷能力，進入到那個體制裡面，很容易被馴化，體制馴化人是很容易的，所以十個可能有三個成功成為好法官，可能其中七個就整個被體制給馴化了，欠缺獨立思考判斷的能力，或甚至說他可能習焉不察，不會認為他做的事情是跟整個社會開放的腳步以及民主人權的價值有很大的背離。

所以他有可能都是慢一步、慢兩步、慢三步、慢四步，一直落後在後面，也不能說他完全沒有進行一些慢慢的蛻變，但我認為始終是落後的。這個問題拖了三十年到現在，一直都難以解決，我不曉得有沒有其他國家可以參考，但東西德的經驗不能拿來直接套用，因為當時東德的法官是全部下台的，你現在怎麼去複製這樣的做法？

當時在戒嚴時期的法官，現在大部分都不在了，現在最年輕的可能也要七十歲了，都已經退休了，不太可能還留在這個司法體制內，可是他的「遺毒」其實是一直存在的，他後面徒弟的徒弟可能稍微會好一點，不能說沒有進步，可是蛻變就是相當地慢，這要怎麼去處理？不過我們還是要透過對這件事情的一再反省、努力來處理，想像他也是社會裡面的一分子，所以他在社會裡面應該也會被影響。

在過去，你可以看得出來二〇〇〇年扁執政以後，他當時談轉型正義是很多人抨擊的，認為說是在清算，所以相對是困難的。從二〇〇八年馬上來之後，當然又不談這個事情。現在二〇一六，大家在談這個事情時，就以黨產的追究來講，當時二〇〇〇年也說要追究黨產，甚至在二〇〇四年財政部還頒布了一個協商要點，像我們事務所也受託辦了些案子去追，我們代表交通部去追很多黨產。在當時是受到國民黨很大的阻礙，社會上也不見得對這件事情有抱以任何的迴響。

現在當然整個氛圍是不一樣了，過去沒辦法達成的，現在成了人民新的期待，也就是說，真相縱使是斷簡殘篇，縱使是沒有完整的檔案，但還是要努力地蒐羅，然後來記取這樣的教訓，同時《國安法》第九條還是要修，不管實際的效益有多少，最後把它加起來以後，再放到法官在職的培訓跟養成的培訓中，在職他們當然有法官學院，法官學院都要上這些課，我想還是要請這些教授去跟大家宣揚，在威權體制下對人權的迫害習以為常，或者是這種以為當然的觀念其實是很不恰當的。此外，養成的階段當然更要重視基本人權觀念，比如說我最重視的，就是對於人性尊嚴的深刻體會，內化成為他內心的價值，這個部分當然要透過檔案的追尋、案件的平反，把這兩個加起來，再放回到司法體系裡面，讓大家知道過去做了多少這樣子不對的事情，然後讓大家能夠理解。

當然如果再講遠一點、廣泛一點，就是整個體制在這個部分的徹底檢討，不過這個已經涉及到司法改革。司法改革從我們國家發展的脈絡上來看，其實是轉型正義裡面的一環，因為它從來沒有真正做一個體制的改革，所以司法改革就是從事一個體制改革，包括現有法官的進退，因為我們的「進」有問題，「退」很困難。很多已經看起來就是不合乎當代法官最低程度的要求，而檢察官的角色就是要從如何塑造他的外部獨立來努力；政黨如果常常輪替，他就不會逢迎巴結，如果你永遠是這個執政黨，他一定不可能獨立。因為他就是受到政治的影響，因為他權力太大，只要一出手很多人就會完蛋，所以每一個人都想要攏絡巴結他，所以檢察體系真正外部獨立的塑造，一定要透過政黨輪替。但是他還是有體制上的內部改革要做，最重要就是究責的問題，對他不當作為的究責。因為檢察官現在起訴到最後判無罪，沒有任何責任的追究。

再來就是從整個訴訟制度上面來講，現在檢察官權力還是很大，所以某程度還是要對他的權力制衡，現在唯一設想就是透過法官來制衡他。這樣講又講到法官，所以法官也要有一個改革。法官的改革包括「進」跟「退」——「進」不能再用考試，一定要透過在社會中的歷練，採多元進用的管道。考試縱算一時不能廢除，但終究要在幾年之內把它歸零，考上的人可能去當檢察官或律師，不要再先當法官了，多元進用的管道一定要實行。「退」則要建立一個更高標準的法官淘汰的機制，法官不能夠說只有貪汙才會下台，法官不適任的標準要拉高一點，這個當然也要整個來設計處理。

訴訟制度要有一個公平審判法院的設計，公平審判的法院設計有基本的一套概念，我們現在遠遠還落後於此，公平審判的概念設計進去訴訟制度後再探討人民參與審判，讓公民意識能夠滲透進去審判系統，讓責任感能夠提升，對司法產生信賴，這是要有一整套，屬於司法改革的範疇。

解嚴後的轉型正義有一重要內涵，是在建立刑事正義；多數新興民主國家對於威權政權的幫兇或國家暴力的執行者，都有究責的刑事規範，台灣是否已建立究責的刑事規範？

究責的必要性仍然存在，只是說究責實踐的可能性有點難，比如說戒嚴時期大家都很清楚，其實真正發動者都不是檢察官，檢察官在當時只是個傀儡，真正發動的都是警總，警總就把資料交給軍事檢察官，那時候軍事檢察官很多都是預官，然後當橡皮圖章，就交給了軍事法院。所以現在的問題就是：

「檔案到底還在不在?」如果檔案是在的，反而年限過了這麼久，大家可以更用客觀的心情去面對，只是說找尋檔案毋寧是一個很大的困難。

有兩條路，一條是透過國安法的修正，讓他現在還是可以去啟動追究，另一個就是檔案的搜尋，通過委員會的設置讓它有權去搜尋所有的檔案，不管現在還有沒有存在，這個委員會有權去要求蒐羅，二〇〇一年當時成立國家檔案管理局，目的也是為了這個，也是在扁執政的時代去成立，當時在研考會，現在研考會已經改成「國發會」(國家發展委員會)，我當時還擔任過檔案管理局的訴願會委員。可是檔案管理局的層級也不高，另外國家檔案的核定、人員編制也不足，它要去蒐集這些，相對來講受到的抗拒也很多，扁政府的時代確實做這些事情都沒有得到社會很大的迴響。所以現在來做，也隔了好多年，大家都很擔心這個檔案是不是都已經不在了。

戒嚴時期體制下幫凶的究責，我個人會覺得從三十年後來看，是滿困難的一件事情。我會覺得，是不是只能透過真相的揭露，來做一種政治上或道德上的究責，而沒有辦法達成一種刑事上的究責，我覺得還是要透過真相的追尋來達成象徵性的究責;但是要對他有一個刑事上的究責，我現在是滿難想像的，不曉得要怎麼去設計。

針對戒嚴時期白色恐怖受害者的次一、二代，尤其是無力翻轉仍屬弱勢者所受之戕害，如果可以立法救濟，則司法體制應如何配合？

我之前有代表二二八的後代，大部分都是家屬，來告國民黨，所以跟他們有接觸。其中有一位受難者跟我們律師界很有關連，李瑞漢律師在戰後擔任台北律師公會會長，當年他與同樣執業律師的胞弟李瑞峰及友人台灣省參議員林連宗，一同在家中被軍警拘捕，一去不回。李瑞漢的長子李榮昌現在也已經八十多歲了，他的女兒有寫一篇文章就是在講「魷魚糜」的故事。她說阿嬤在世時，每年清明節，都騙我們找不到阿公的墓，讓一家人在觀音山頭走來走去、找來找去。

我的問題是，確實是對受害者的下一代影響非常大，但是因為時間已經過那麼久了，所以我也真的不知道要怎麼去從立法上做一個彌補。他們常常在講的，還是希望做真相的調查、案件的平反、補償一定要改成賠償，現在立法上也已經改成賠償，但這種賠償其實是補償的一種變形，它不是真正基於案件的平反所做的賠償，所以我想他們在乎的還是在這個部分。他們當時是屬於弱勢者這已經是個事實，大部分都沒有辦法在台灣能夠立足，所以很多人都避走海外了。

司法改革的主軸之一，在於推動司法轉型正義，尤其是針對戒嚴時期司法的不正義該如何行動？

第一，所有戒嚴時期司法的檔案應該要能夠完整的被保存，然後透過委員會及專家的研究，被害人可以來要求索取，包括他的後代。而且這種司法檔案是廣義的，當然要及於在調查期間的檔案，可能的話能夠做一個整理，包括調查局及警總檔案。

第二，是對於戒嚴時期的不當審判他可以再進行救濟，包括他或是他的後代來追求一種平反，這種平反是一種對於他們案件的真正平反，來理解這些受難者被司法迫害的過程，讓他不但得到名義上的平反，也對整個體制進行檢討。

第三，藉由這兩個部分的真相追尋跟平反，在司法體制內推動檢討、反省，包括在司法官養成跟法官的教育上時時刻刻做為教材，讓大家反省。這是跟轉型正義直接相關的，當然附帶整個體制的改造也算是司法轉型正義，不過整個體制的改造困難就在於，我們都是邊操作邊改，因為我們沒有辦法像德國一樣把東德所有東西都停下來，可以要求東德的所有法官先停職，透過一個委員會再重新挑選，甚至從西德派法官過去。但我們已經沒有辦法砍掉重練，所以我們在一種漸進式的所謂寧靜革命的情況下，面對司法體制轉型的緩慢，是我們必須付出的代價，但還是要做。

未來司法轉型正義的實踐，有哪些與戒嚴時期有關的指標性司法案件值得關注？

我自己本身接觸最多的就是「雷震案」，我還接觸過「獨台會案」，當時後來是平反的，不過那已經算是解嚴後了。雷震案是大家都比較理解，而且也查得差不多了，記得當時扁上台要查雷震的回憶錄，查到了一些，也是很少。然後戒嚴時期還有「台大哲學系事件」，我知道台大法律系也有一些個人性的，不是那麼受矚目，不一定是指標性案件。指標性的案件應該要問歷史學家，從歷史學的觀點，哪一些指標性的案件要提出來做為一種教材，我覺得當然是好的。

此外，現在大家都提到，因為二二八的元凶不明，這件事情影響也很大。大家對於二二八受難者到現在為止都是拿國家的錢來賠償，受難者確實對這個也滿不能接受的，他們會覺得為什麼不是元凶國民黨拿錢出來賠呢？因為他一方面接收國產，一方面在黨國合一的年代造成大屠殺事件，結果到現在為止他完全沒有負責過。對國民黨究責，應該是二二八很多家屬最希望能夠看得到的一件事情。李登輝以來，都是以中華民國元首的身分在道歉，國民黨沒有真正誠心檢討他們在這件事情上的錯誤，所以一方面我們當時起訴，就是要求他們的黨史館的所有檔案，要移交給國家，他們不能把黨史的檔案資料列為他們黨的私產，應該要列為國產，這些也要納入國家檔案裡面一起全部揭露，也當然包括蔣介石日記，蔣介石日記現在也變成家產，這也不對。

另一方面，如果國民黨應該要為當初的事情負責，為什麼國民黨到目前為止都沒有曾經對二二八所謂補償條例也好或賠償條例也好，為此曾經貢獻過一分一毫，為什麼都是拿我們這一代納稅人的錢來由國家去賠給那些受難者，為什麼元凶不用負責？

陳俊宏：從行政面向談轉型正義

鄭南榕基金會

轉型正義一直是台灣社會的未竟之業，戒嚴時期所產生的不正義，從國家的行政面向觀察，轉型正義最關鍵性的部分為何？追求轉型正義，對常民來說具備什麼意義？

我個人覺得，至少到目前為止，在台灣的輿論討論當中，轉型正義討論的範疇稍微失去準度，大部分的人都鎖定在關於黨產的處理，我不是說黨產的處理不重要，而是它應該不會是轉型正義的全貌。其實轉型正義要面對的是一個，面對過去大規模的、系統性的人權侵害，我們應該如何去處理的一些問題。所以當然就必須要面對幾個面向，如果按照聯合國的說法，他必須要去究責、釐清真相、第三是建立對受害者的賠償機制，第四如果希望歷史不再重演（Never again），要如何採取制度性的改革，來避免重蹈覆轍。在這個基礎底下，能夠比較清楚知道，到底轉型正義應該要做哪些。但是我覺得有點可惜的是，我們現在大部分的焦點都放到關於黨產的處理。黨產的處理，我們當然可以把它放到制度性的改革上，我們如何避免台灣的制度裡面存在種種不義，但是這邊的連結，我認為在目前輿論的討論並不是很清楚。聯合國要做這件事情的目的，在於面對一個威權體制的轉型，有很多不同層面的問題，他們認為要強調幾個面向：追求真相、究責、賠償、保證歷史不再重演，這彼此之間是相互關聯的。所以在這邊反映出來的制度設計就會有幾種，有些國家是透過審判；有些是成立真相委員會；有些是採取特赦；有些是基於賠償或是行政正義上的人事清查制度；另一部分是可以透過許多紀念性的方案，興建博物館、紀念館，或是重新去編撰教科書，重新對歷史教科書做詮釋。

這些制度本身是要達到幾個目標，第一個是「肯認」（Recognition）。肯認的最低程度是說，我們要去承認過去有政治受難者被傷害的事實，最起碼的標準是，我們要透過制度上，讓政治受難者不只是讓他成為一個受難者而已，而是要讓他成為一個平等的公民，所以要恢復他過去種種的權利，讓他在我們這個社會上是獲得平等的地位，這是我們說的肯認。所以揭露真相的意義就在這裡，我們至少透過真相的呈現，去肯認過去這群政治受難者，他們所遭受到的苦痛，同時我們恢復他所有的基本權利。所以賠償只是一種物質上的肯認而已，有些人會覺得說，「都給你錢了你還要怎麼樣？」但重點我想這不是賠償的意義，賠償的意義不是只在於給你一筆錢而已，而是官方肯認了過去所做的這些錯誤。

第二個目標是希望能夠達到「信任」。過去的威權體制底下，人與人之間的疏離，就像我剛剛講的，這種信任如何重新進入到政治體制是很重要的，我們說現在台灣成為一個民主國家，未來也可能有政黨輪替，重點不是在於誰執政，而是我們都在這樣一個國家裡面，我們願不願意去相信這套制度？我們願不願意共享一些基本價值？比方說，台灣未來的新國家是建立在人權，或者民主、人性尊嚴的這些價值底下，所以透過轉型正義的機制是可以重新拉近人跟體制之間的不信任關係。因為對過去政治受難者來說，他可能會認為今天這個東西沒有處理，我是無法相信這一套體制的，這個過程裡面會產生很大的問題。所以如果透過官方公開的做這件事情，其實宣示的是，未來我們的國家是建立在人權、民主的這些基本價值底下，可以重新讓公民回到這樣的體制，去對這個的體制產生信任。

第三個目標，在理想狀態下，讓這個國家裡面，過去曾經存在的族群、階級等等的對立，可以透過這樣的過程去達到「和解」。那個和解當然包含人與人，也包含人跟體制之間的關係，也就是說，我們願意為這個社會繼續往前走，而不像過去李總統說「每一次選舉台灣就在打一場民主內戰」，這個過程裡面，缺乏政治的和解，我們沒有辦法面對現在中國的壓力也好，或是在國際政治險峻的環境底下，對我來講，從一個政治學研究者來講很重要，這是回到另一個重要目的，與「民主鞏固」是有高度關係的，這是第四個目標。

過去常常講，歷史記憶的目的其實是，我們去書寫過去的歷史，其實是為了現在、為了未來。所以歷史記憶可以啟發現在，也可以去指引未來。從這個角度來講，當然這是理想，這就是為什麼西方要做轉型正義。從現實狀況來講，其實會看到沒有一個國家是採取同一個的模式，因為轉型正義是涉及到高度政治性的，它會涉及到一個國家如何政治轉型，轉型正義的機制採取的模式會有些不同。一般來說，會有幾種路徑，一種路徑是由執政黨，由上而下來推動，舊的威權體制沒有瓦解，他民主化以後是由舊的執政政權來推動的，比方說西班牙與台灣。另外一種轉型模式是，舊政權垮台了，由反對派來推動的，比方說東歐幾個政權，捷克或是德國因東德垮台可以全力去推動。第三個則是朝野共同來面對，比方說阿根廷或是南非。這邊會涉及到不同的政治轉型方式，也可能導致會採取什麼模式。那台灣，我為什麼說我們過去有轉型而沒有正義，就在於我們是屬於前面那一個。我常常講，台灣是分期付款式的民主，因為台灣開始進行這個方面議題是由李登輝開始推動，對於李登輝來說，也不可能在那個當下說「我們來進行對國民黨政權的全面性整飭」，所以在這個過程裡面，會變成我們過去只有採取補償，後來改成賠償的這種模式，對我剛剛講的真相的追求，還有包含追溯，或者是制度上的改革等等，事實上都沒有做到，這是我覺得如果從轉型正義的角度來看，國際上的脈絡或者是台灣的現狀。

解嚴後，執行真相調查、檔案公開及挖掘等推動台灣轉型正義的工作，按現有制度來執行，常見的障礙與困境為何？

轉型正義其實跟「Timing」很有關係，所以為什麼很多轉型正義可以成功的國家，通常都是在威權體制剛垮台的時候，一方面當時的政治情境下有很強的passion，一方面那個時機裡面，大家要去推動這件事情有比較大的政治意志。因為錯過了那樣的時機，導致我們現在其實面臨很多困難。除了《國安法》第九條，刑事正義這個部分以外，另外一部分就是政治檔案法。我那時候擔任台灣民間真相與和解促進會的理事長時，我們有推三個法案，第一個是《國安法》第九條的修正，另一個是《政治檔案法》，第三個是《人民受損權利回復條例》，關於當年很多被沒收的財產要怎麼回復。但是你可以了解到，在那樣的情境底下其實很困難，一方面是朝小野大，一方面這個社會裡面會認為好像我們都是沒有忘記悲情，我們沒有走出過去。

這邊我要再補充《政治檔案法》的重要性，真相除了是我們現在在做其他事情當中，一個首要條件之外，怎麼樣呈現真相？我覺得檔案要怎麼樣好好保存是很重要的。但是我認為檔案不等於真相，我們現在有一種想法是全部通通公開，可是當年有很多特務他所做的紀錄不一定等於真相，所以在這邊怎樣有效地去了解政治檔案，其實不是說全部上網公開就解決。所以為什麼德國會特別針對東德的檔案，用制定東德《國安文件法》的方式，等於我們講的《政治檔案法》，他有一個專法的方式來處理這件事情，換句話說他不是用我們一般所謂隱私權、人格權的這個方式來做思考，他們有一個獨立的委員會，要去思考轉型正義的法益跟個人的隱私權、人格權之間怎麼去平衡的問題，所以需要一群專家的委員會來處理。我們當時事實上也是希望做這件事，可是檔案局現在往往就會說，這個會侵犯個人隱私權。但我們會認為應該要有一個特別法，或者是至少在檔案法當中要有一個專章，把轉型正義的法益關於政治檔案的東西要特別獨立出來。可是這個東西在過去一直都覺得不可能，我是覺得現在當然時機變了，我們希望能夠有一些可能性。

二〇〇一年檔案局成立的時候，其實陳水扁做了一件事情是很有意義的，他要求各個行政部門要清查檔案，當時事實上有很多檔案是有彙整的，當年張炎憲老師在國史館也做了很多整理。但我也希望未來小英可以啟動一個全面性的再重新清查，因為可能在那個時空底下，未必所有檔案通通都交辦了，因為二〇一三年時監察院曾經去調查發現，國防部還有一筆當年謝雪紅的檔案，表示那個時候的檔案清查並沒有完整，所以當然需要國家、政府來做這個事情，這個清查檔案的動作是有意義的。因為我們過去做這些東西，一方面是社會輿論不重視，一方面就是國民黨還是執政黨，我們那時候《檔案法》被擋了七十四次，《國安法》被擋了六十六次，《人民受損權利回復條例》根本排不了程序委員會，這邊就是一個很大的問題。另一個是說我們沒有一個專責的機構來做這件事。

多數新興民主國家在民主化之後，都由政府成立專責機構，以公權力來處理轉型正義。台灣是否應建立處理轉型正義的專責機構？

如果按照現在小英提出來的，是有想要比較全面性地透過專責的委員會來處理，至於那兩個委員會的功能是什麼，目前顯然民進黨還沒有一個共識。在總統府下是諮詢功能的，叫「真相與和解委員會」，行政部門的叫做「促進轉型正義委員會」。但這個可能還在發展中，至少從她的理念上來講，她是希望有一個統籌的委員會來做前述講的這些事情，這個我想應該是可以比較正面的來看待。她可以有一個高度，而不是只是陷入於在黨產的層次上糾結，事實上是可以展開真相、究責或者是對於制度改革上的可能性。現在全世界有數十個國家有關於真相與和解委員會的設計，它的目的回到我剛剛講的轉型正義的幾個功能，除了恢復受害者的地位以外，也可以恢復司法，至少是要讓歷史記憶、歷史正義可以還原。在台灣這其實是一個很嚴重的問題，我在文章中有寫到，郝柏村當行政院長，但他認為沒有白色恐怖，因為他認為白色恐怖是汙辱國民黨，這變成在這個社會，歷史沒有辦法真相呈現，這件事情當然會造成社會當中很大的問題，所以透過這樣的機制，像南非的真相委員會在進行的時候是全國轉播，等於全國的人民都在進行集體療癒，面對國家過去種種的「惡」，它的目的是要讓所有的人民重新團結到新的國家裡面去，所以歷史正義的意義在這裡，而不是只是從一個負面角度來講我們應該要怎麼樣，而是這裡面有一些正面的未來性。除了讓受害者的尊嚴可以恢復以外，我長期以來一直認為，受難者家屬也是受難者，他們所面臨的遭遇不會比關在牢裡面或者已經不在的這群人所遭遇的苦痛還來得少，我們碰到的很多政治受難者的家屬，他們的成長過程裡面，長期是在一個被排斥或者歧視、被說是共匪的親人等等的環境底下長大，怎麼樣讓他們的尊嚴能夠回復，我認為不純然只是物質上的，而是我們可能要多做一點。

另一個部分是，這個委員會還可以做一個功能，可以呼應到鄭南榕基金會過去這幾年不斷在做的「教育」這件事情，其實轉型正義很重要的目的，是要去彰顯過去的不民主跟侵犯人權的歷史，對於我們的政府對過去人民帶來的傷害，所以它要彰顯的另外一部分可能是要去反映人的精神力量是可以戰勝邪惡的，自由跟尊嚴事實上是可以超越這些壓迫跟凌辱的。所以我們會有這樣的一些例子，我剛剛講說我們應該要去紀念的是「對抗獨裁者的記憶」，而不是去「紀念獨裁者的記憶」，所以在這邊怎麼樣重新在現有的體制下去面對這些獨裁記憶、這些歷史、或者說這些銅像等等，如何在教育體系底下重新去做解釋，我認為這件事情是重要的。前幾年曾經有一位東德當年納粹集中營的館長來台灣，他讓我感受很深，他第一句話問我：你們二二八的人數到底確定了沒有？他時時刻刻都在關心我們這邊的問題，可是我們事實上沒有辦法有一個很明確的說法，這是我們最大的問題。他不斷強調在博物館的人權教育推動上，他鎖定德國年輕人做為他們博物館的參觀對象，我常常講記憶有兩種，一種叫做「銘刻式的記憶」，就是課本上講什麼我就記什麼；另一種是「融合式的記憶」，我透過跟感官的互動觀察，那個東西反而可以理解，反而可以很深刻。比方說我怎麼去體驗那個恐懼感對我們生活帶來的影響，所以他把他們當年的囚車變成行動圖書館，就到全德國各地去進行展覽，讓所有的同學可以去體驗當年在這樣的時期底下，人是怎麼被對待，把人當人看這件事情，透過這樣的方式去呈現出來，所以我覺得如果從另外一個面向來講，從國家的高度怎麼樣去做這件事情，就像我們剛剛講的博物館也好，或是教育體系也好，怎麼樣讓這件事情可以真正落實，「Never again」才有辦法真正達成，所以這個部分當然會比較涉及到在教育層次上的問題。

您曾評價台灣民主化是「有轉型而無正義」，政府和民間在轉型正義的成就相當有限。二〇一六年總統暨國會大選後，社會各界對轉型正義抱持高度期待，您認為新政府未來有哪些刻不容緩的行政面向轉型正義工作必須完成？

如果先撇開行政正義，從下一個階段政府能夠做什麼，現在小英好像也宣布了，只是那個東西長怎麼樣還不清楚，她是說總統府要成立一個真相與和解的諮詢委員會，她希望做一些規劃，包含我們講的這幾個面向，透過真相來展開後續的這些工作，希望在行政院成立一個促進轉型正義委員會，這個東西我們可以正面期待，它不是只有處理黨產，而是可以全面性的。當然真相的回復是前提，因為只有透過真相，我們才有辦法去了解到，究竟要在道德上、在法律上怎麼究責，另外一部分就是怎樣去做平反的可能性。

接下來要談的是，行政正義要怎麼處理？除了司法體系以外，在過去的加害體系底下，可能有很多公務人員，我們過去錯過了那個時機，所以我們面臨一個很大的問題是，聯合國常常在處理時叫做「Impunity」（有罪不罰）的現象出現。從司法體系來看，很明顯的例子就是，我們聘請了一個美麗島大審的軍事檢察官來訓練我們的法官，訓練了二十多年，然後還差一點提名他當大法官，現在他是我們的法務部次長，類似這樣的情形其實是很荒謬的。所以其實在轉型正義的處理當中，有一種在行政上我們叫做「Vetting」（人事清查），人事清查的目的在於，民主化不可能民選總統就可以完全去帶動整個國家機器，如果那個國家機器裡面都還是過去的共產黨，或是過去侵犯人權的這些獨裁的共犯結構在的話，即使是民選總統，還是沒有辦法去好好運作這個國家機器。我採用聯合國的定義，曾經擔任過前朝的但是現在仍在職的重要公職人員，進行清查，去調查他過去的檔案或資料，「Vetting」是指去了解他過去是不是有幫助或甚至是參與過去前朝侵害人權的行為等等，如果實際了解他過去的作為，有可能會要求他去職，或者是要求他以後不能夠再來競選公職，這是有一些國家所處理的方式。這個目的在於，一個民主國家要彰顯所有公務人員的Integrity，就是作為一個公務員他展現他的廉正性，要確認他到底適不適合擔任公職，因為他是人民的公僕，所以他在他的所作所為上要符合我們認為一個公僕應該要具備的基本價值，比方說人權、對專業事務的堅持、忠誠度等等。

人事清查制度在很多國家是有執行的，從這樣講就知道在台灣要怎麼做其實也有很多困難。它其實是有兩大類，一種是很嚴格的，屬於比較硬性的，像是捷克，調查完之後你就要離開那個職務，或者像德國，他們叫做「淨化法」、「除垢法」（Lustration Law），他把這個國家機器的汙垢通通去除掉，這個法律規定，只要在政府部門擔任高階官員或者是即將要擔任高階官員的人，都要提交兩份資料，第一份資料要由內政部認可的證明書，證明你當年不是祕密警察，證明你當年不是特務，這是由內政部要去做調查並核發；第二個是當事人自己的宣誓書，宣誓說的確不是擔任過共產黨的高級官員，也沒有當過秘密警察或是抓耙子。如果你沒有辦法提出這兩份，就必須要終止雇用或是被降級到其他單位，同時五年內不能夠再擔任政府部門的高級官員，這是捷克的做法，當然這邊有很多問題。另外一種是波蘭，波蘭看到捷克這個問題其實會有侵犯人權的事情，所以採取比較柔性的做法，柔性的目的是，透過人事清查的程序，揭露政府官員（政務官）或者是公務體系的人員（事務官）或者是現在在競選公職的這些候選人的過去紀錄，來確定這些人員是否跟前政權有所牽連，但最重要的其實是揭露真相，揭露真相並不一定是要求他就要去職，所以這是跟捷克做法的差異性，其目的是為了讓社會重新了解過去的公務體系是這個樣子，但未來我們的公務體系不是這個樣子，這是比較柔性的。但是，捷克這樣的方式會有一個問題，當年擔任公職，作為共產黨底下的一份子，並不代表他就做了一個人權侵害的事實，這兩者之間其實是很難推論說因為當年在共產體制下擔任公務員，所以他一定是個加害人，這邊很難用一個全面性的去職，而是必須就你個人的行為本身，是不是有達到這樣的東西，還是必須就他本身的事件來進行調查，否則這邊就會侵犯到「ICCPR」（公民與政治權利國際公約）強調的平等對待跟工作權保障的一些問題，所以這事實上是捷克所遭遇到的一些爭議。相對來講，德國就比較完善，德國會就你個人的行為來進行調查，不是只是看秘密檔案的資料，還會就其他相關資料的佐證，來了解當年你到底在這樣的案件裡面扮演什麼樣的角色，所以就不會只是因為你擔任這個職務就去職，但德國那麼多人去職，事實上就是透過這樣的調查，所以那個真的是德國人願意面對這件事情的態度，值得我們學習。

所以，我們如果要做人事清查（我不知道未來能不能做），我覺得要考慮三個面向。第一個，到底我們的目的是什麼？我們的目的事實上是為了要去懲罰當年的加害體系的人，是要究責呢？還是說我們是為了要避免未來的民主繼續遭到危害？這個我們要先釐清，因為這兩個目的可能不一樣。第二個，清查的標準會是什麼？因為Integrity滿抽象的，比方說當年的特務到底怎麼樣的一些行為本身，我們才算說他可能已經嚴重地違反了我們認為一個公務人員應該做的，而在現有的追求人權跟民主的時代裡面，他已經不適任了，這個我覺得要想清楚。第三個部分是範圍，究竟我們是只針對高階的？還是對於這些中階的執行者？還是包含所有公務體系？這也是必須要好好思考的問題。公務體系上要怎麼來進行，不知道未來在法官的升遷或者是公部門的升遷過程裡面，是不是有可能有這樣的制度的審核，是不是可行，我不太確定，但或許這是一個可以思考的，尤其是如果要對司法有信賴，當然司法改革的問題不純然是轉型正義的問題，因為那裡面有一些司法文化長期建立出來的一些醬缸文化，這個東西要怎麼去除不一定直接跟制度改革有關，但是或許有這個可能性，在未來如果能夠透過這種的宣誓，或許可以重新讓我們去思考，未來我們對這樣的司法體系是可信賴的。

我覺得轉型正義同時有兩個面向，究責是「Backward looking」，但是「Backward looking」的目的是要「Forward looking」（展望未來）。所以，如果我們要做人事清查，在行政正義有一個部分，例如未來在我們公務人員的甄補，應該要增加這些人權的價值，現在的考試制度考的東西，用這樣的考試系統進來的公務人員，我不知道能他發揮多大的能力。所以如果我們能在考試系統上做一些變革，增加這些人權、民主的價值，做為我們未來甄補公務體系的一個重要考量的話，我覺得這是一個可以嘗試思考的面向。另一個面向是，小英將來上任之後，我覺得還有另外一個事情要面對，馬英九在二〇〇九年簽署了兩公約，這個兩公約其實是他用來妝點門面用的，他也請了一群國際人權專家來進行國家報告審查。事實上在二〇一三年的時候，那個國際專家曾經針對台灣轉型正義提出了兩個重點，他談的是比較全面性的處理究責、處理真相、同時處理被害者的賠償，他講到的賠償除了物質上的補償，還強調社會跟心理層面的。過去講到轉型正義好像處理的只有政治權、公民權，事實上有一些面對經濟、社會、文化權利的保障的問題，所以聯合國現在其實是在強調這個部分。因為二〇一七年又要開始進行下一次的審查，我覺得這也可以算是當作小英的期中作業，在二〇一七年提出的報告裡面，是不是能夠站在一個國家、總統的高度，去面對轉型正義的這四個面向，提出一些步驟或者是未來要去做的，我覺得轉型正義需要有很強的政治意志，如果沒有政治意志，呼攏一下，可能這些事情就沒了，好不容易台灣有這樣的政治機會之窗，希望小英不要讓大家失望。

我認為真相是所有東西的前提，我們確實從時間上或是從具體的政治脈絡上來看，我們現在要處理這些問題的前提，可能是需要對真相揭露，從這個角度出發進一步再來了解。過去台灣的社會常說「賠錢了事」，但是這個賠錢了事的過程裡面，其實會有另外一個問題，這部分雖然不一定直接相關，但我覺得在這個機會可以提，就是過去白色恐怖不當審判補償條例的補償前提，是你必須要在冤假錯案的前提底下，也就是你是被冤枉的，才可以做這件事情，這邊會發現一個問題，因為它的敘事方式就已經固定，必須所有的口述歷史都是被冤枉的前提底下才開始，但是我們必須要面對一個事實，在當年五〇年代，事實上政治受難者是有多樣性的，有一些事實上真的就是被情治單位給羅織罪名，但是我們也必須承認，當時台灣確實有一些地下黨，這些人對他們來講可能不會認為他們是受難者，他會認為他是革命者，那這些可能都是這段敘事裡面的一環，我們未來要怎麼樣去打開這一些敘事的可能性，或許也是另外一個我們要去處理的問題。

在法的部分，《政治檔案法》怎麼樣盡快去有效處理，在這個基礎底下進行全面性的檔案清查。現在如果先不要看是不是有漏掉的檔案，或是有沒有被燒毀的檔案，光是目前已經存留的檔案就相當多，重點可能不是檔案不知道在哪裡，而是檔案根本沒有人去整理。舉例來說，這個補償基金會二〇一四年已經關了，它把當年政治受難者補償的所有這些紀錄的拷貝版，通通交給國家人權博物館籌備處，但目前為止只是把它當作倉庫放在那裡，根本沒有人去解讀，至少那裡面就有很多可以還原歷史真相的部分，但是這部分就變成沒有人去處裡，所以怎麼樣有效地去徵集資料，同時有效地去整理資料，再交由歷史專家來進行判讀，我覺得這是刻不容緩的，因為所有東西可能要從那邊開始。另外一部分是，在教育層次上怎麼去改革。只是在行政人事清查這部分確實會碰到一些問題，這需要再做一些思考。我也同意如何在現有的結構性困境底下，讓我們在追求轉型正義的這件事情，能夠有一個未來性、正面的方向，或許是大眾需集體思考的問題。

政府執行行政面向的轉型正義工作，公民應如何扮演好監督的角色？

我完全能夠理解大家把轉型正義的焦點鎖定在黨產的處理，當然大家會覺得這是不公不義之財。但是我一直認為，轉型正義如果就我剛剛的說明，它有很多重要的任務，所以在這邊盡量能夠避免轉型正義變成只是對於某一個議題，而不是回到一個我們從國家的高度去面對未來台灣民主深化的問題。因為這個過程簡單來講，我覺得我們的公民應該要了解到轉型正義的問題，當然黨國體系裡面國民黨是扮演這個角色，但是我們處理國民黨這件事情，不是處理國民黨黨產本身而已，處理黨產這件事情是為了我前面講的這幾個重要目的，這樣我們才有辦法成為一個政治共同體底下的公民，而不是我們永遠處在一個對立狀態，轉型正義目的在這裡。我們希望未來能夠走向一個新的國家的過程裡面，大家其實是團結在人權、自由、民主的價值基礎底下往前走，那要達到這個東西，我們現在才需要做這些事情，我認為如果公民能夠從這個角度去檢視這些工作，這裡面就應該不分藍綠，因為所有的人都要面對這件事情，或許這樣的話就可以超越現在藍綠鬥爭的框架。最近我聽到國民黨有人說如果要清查黨產，他們就要上街頭，我們所有公民可以來檢視，為什麼我們今天要做這件事，你要提出理由，為什麼這叫做鬥爭、清算。當我們能夠清楚為什麼要追求轉型正義，為什麼我前面鋪陳這麼多，我們要先把我們的目的先講清楚，才有辦法去說服所有未來的公民，我們做這件事情的意義到底在哪邊，我覺得如果能超越現有的框架底下，對未來台灣的民主深化才會有比較大的意義。

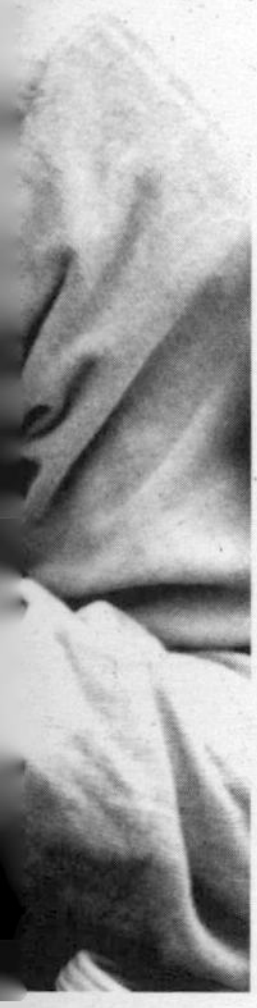

示見 10

百分百自由教戰手冊

主編 鄭南榕基金會
作者 鄭南榕基金會、薛化元、李屏瑤、吳致良、曾云、果明珠

總編輯 陳夏民
執行編輯 郭正偉
編輯協力 吳致良
封面設計 小子 godkidlla@gmail.com
內文排版 陳恩安 globest_2001@hotmail.com

出版 逗點文創結社
地址 330 桃園市桃園區中央街11巷4-1號
官方網站 www.commabooks.com.tw
電話 03-3359366
傳真 03-3359303

總經銷 知己圖書股份有限公司
台北公司 106 台北市大安區辛亥路一段30號9樓
電話 02-23672044
傳真 02-23635741
台中公司 407 台中市工業區30路1號
電話 04-23595819
傳真 04-23595493

印刷 通南彩色印刷有限公司

ISBN 978-986-92786-2-1
定價 360 元
初版一刷 2016年5月

財團法人鄭南榕基金會

國家圖書館出版品預行編目（CIP）資料｜百分百自由教戰手冊／鄭南榕基金會主編｜初版｜
桃園市：逗點文創結社｜2016.05.｜240面｜14.8*21公分｜ISBN 978-986-92786-2-1（平裝）｜
1.自由 2.臺灣民主運動｜571.94｜105002647